品茶录

中华食趣文丛

中·华·茶·文·化

阮浩耕 著

《中华食趣文丛》序

傅璇琮

杭州出版社前一时期计划编印一套大型学术文库《西湖丛书》，其中的《西湖全书》、《西湖文献集成》，正陆续出版，受到学界的关注；今又推出极富文化魅力和欣读韵味的散文小品《中华食趣文丛》，肯定也将受到社会的赞赏。杭州出版社力求弘扬民族优秀传统文化，渴望满足广大群众的健康审美趣味，这种务实、创新的识见，对当前出版社改制于文化产业领域来说，是颇值得注意的。

中华饮食应当说是我们传统文化极受人们关切的组成部分。我们前辈学术大家也多将此与文化、艺术等结合，作新的探索。如鲁迅先生于1927年在广州有一学术讲演，题为《魏晋风度及文章与药及酒之关系》，后收于《鲁迅全集》。这篇文章论魏晋文学，着重剖析那一时期文人独特的生活行迹和精神寄托，文章抓住药与酒这两样当时带有社会性的事物，就把那时的文人写活，也从而把那一时期的文学风貌清楚地勾勒出来。又如20世纪著名诗人，长期在清华大学、北京大学执教的林庚教授，他就曾以饮酒作为比喻，说“魏晋人好酒，酒似乎专为人可以忘掉一切”；又将魏晋人与盛唐人喝酒的风态加以比较，谓：“酒对于魏晋人是消极的，是中年人饮闷酒的方式；唐人的饮酒却是开朗的，酒喝下去是为了更兴奋，更痛快的歌唱，所以杜甫有‘李白斗酒诗百篇’的名句”(见其所著《中国文学简史》第259页，上海文艺联合出版社，1954)。这种将酒与文人生活方式、心理状态有机结合，是很有启示意义的。

事实也确乎如此。如陶渊明六十余岁归居田园时，“闲居寡欢”，正好获得名酒，于是“无夕不饮”，并在一秋之内，以“饮酒”二字为题，写了二十首诗(见毛氏汲古阁本《陶渊明集》卷三)。又如杜甫于唐玄宗天宝时在长安，怀念在江南的李白，“渭北春天树，江东日暮云”，很想再与这位挚友叙谈，于是深致情意：“何时一樽酒，重与细论文”(《春日忆李白》)。这两位诗人名家都把酒与个人的感慨、友人的情怀深深联系在一起。

不止是酒，饭菜也能引起人的情致。如江东名士张翰，西晋时仕宦于洛阳，时政局已趋于动乱，他就“因思吴中菰菜、莼羹、鲈鱼脍”，抒感云：“人生贵得适意耳，何能羁宦数千里以要名爵”并有歌云：“秋风起兮木叶飞，吴江水兮鲈正肥。”(见余嘉锡《世说新语笺疏 · 识鉴》)

又如唐开元时诗人孟浩然。应农村一位友人之邀，到他家中作客，“故人具鸡黍，邀我至田家”，面对“绿树村边合，青山郭外斜”的清雅环境，心情舒畅，于是临走时，向主人表示：“待到重阳日，还来就菊花”(《过故人庄》)。一次普通的农庄会聚，一次鸡黍饭菜的热情对待，将怡静秀美的农村风光与淳朴诚挚的情谊融成一片。

我这里所举的几个诗例，也就是因这套文丛所标的“中华食趣”而引发的。这套书将源远流长、丰富多彩的中华饮食文化，以漫谈随笔的形式，生动有趣的笔调，作系统而重点的阐述，应当说是极为吸引人的，如徐海荣先生的《菜羹谈》，阮浩耕先生的《品茶录》，吴国群先生的《醉乡记》，分别以名肴、清茶、美酒，阐发其实用价值与艺术价值；而周新华先生的《调鼎集》，则又从各种独具特色的饮具食器，表现出社会各个层面多样化的审美要求；张科先生的《老饕赋》，生动记述历代名人对饮食生活的情趣与感受，使看似平淡的生活散发出富有诗意的真味。

中华民族文化是一个整体，它是由许多各具特色的地区文化和社会文化所组成和融汇而成的，这也使得我们整个民族文化多姿多彩。我觉得，这套《中华食趣文丛》既生动传播多门类的饮食文化知识，又能提高和丰富当今读者的生活情趣和精神素质，当也可促进传统文化史的综合探索。这确是杭州出版社强化社会责任意识的可贵追求。

2004年11月，于北京

【目　录】

把杯品茶话文化

喝茶品茗，给中国人带来了享之不尽的快乐。(王华摄影)

“只要有一壶茶，中国人到哪都是快乐的。”林语堂先生这句话透彻地说出了茶对于中国人生活的重要。“人们或在家里饮茶，或者去茶馆饮茶；有自斟自饮的，也有与人共饮的；开会的时候喝茶，解决纠纷的时候也喝；早餐之前喝，午夜也喝。”喝茶品茗，给中国人带来了享之不尽的快乐。

鸡唱三声天欲明，
安排饭碗与茶瓶。
良人犹恐催耕早，
自扯篷窗看晓星。

宋·马和之《宋高宗书孝经图卷》(局部)

宋代诗人华岳的这首诗，描绘农妇未明而起，为丈夫准备饮食的情景。说明至少在宋时，茶已与饭并提，故一日三顿，有“三餐茶饭”之说，且一直沿袭至今。把茶列为开门七件事之一，也起于宋代。吴自牧《梦粱录·鲞铺》说：“盖人家每日不可阙者，柴米油盐酱醋茶。”之后，元人杂剧《刘行首》也称：“教你当家不当家，及至当家乱如麻，早起开门七件事，柴米油盐酱醋茶。”

茶由原始药用导入饮用后，一直与人们的日常生活紧密相连。农家上田头带茶瓶，街市在路边树阴下有凉茶摊，在家更不用说，四季都备有茶。大约是二十世纪八十年代初起，城市流行便携的茶瓶，人到哪，茶带到哪。先是利用酱菜瓶、果酱瓶，后来厂家紧跟着生产出旅行用茶瓶，材质有玻璃的、陶瓷的、还有不锈钢的。

近二十年来，茶瓶里的茶叶档次也不断提高，细芽嫩叶代之粗枝大叶，茶汤越来越清澈澄碧了。随着旅游而勃兴的茶饮料，开瓶即饮，使喝茶更加便捷，被称为是“新新人类”的饮品。对儿童少年也许是一种新的茶的启蒙方式。

乌龙茶泡法

茶在中国人生活中就是这样根深蒂固。

“百里不同风，十里不同俗。”饮茶这个似乎很简单的生活现象，一旦融入不同民族和地区的风俗习惯中，便演化出了异彩纷呈的茶俗。如江浙之地讲究清泉素瓷烹雀舌，粤闽一带流行乌龙茶的工夫泡法，老北京喜好壶泡香片，港澳地区有人偏好陈年的普洱茶；在云南，基诺族父老的凉拌茶，傣家姐妹的竹筒茶，哈尼族姑娘的打油茶，都有着厚重的历史积淀；藏族人民爱的是酥油茶，蒙族同胞喝的是奶子茶，凸现出民族个性。

藏族茶具

不同民族不同地域的人们对茶的冲泡制作、品饮方式有着不同的习俗。这种茶俗，折射出民族和地域可

一对新人在杭州龙井山园。（汪健伟摄影）

贵的原生态文化，为我们展现了一幕幕生动精彩的生活画卷。

莫道茶叶只宜饮，茶香入心亦“醉”人。当茶体现着某种伦理和情感的时候，茶便成为一种礼仪或信物了。唐宋时，皇帝有将贡茶分赐近臣的制度，受赐之臣无不如获至宝，备感恩渥荣宠。“啜之始觉君恩重，休作寻常一等诗”（梅尧臣《七宝茶》），“爱惜不尝惟恐尽，除将供养白头亲”（王禹偁《龙凤茶》）。在这里，茶体现的是君臣大礼。“寒夜客来茶当酒，竹炉汤沸火正红”，杜小山捧出的茶，表达的是宾主之礼。自称“爱景如命，爱茶如友”的当代园林大师陈从周，给远在美国的之江大学校友寄去西湖九溪茶，这是与万里之外的老友表示的怀念之情。当年周恩来总理、陈毅元帅常陪外国宾客访龙井茶乡，品茶别泉，“嘉宾咸喜悦”，则可称是“茶叶国礼”了。

还有，古代婚姻多以茶为礼，有“三茶六礼”的仪式。民间敬神礼佛，少不了有清茶四果。人们还把茶当作吉祥物，节庆之际常以献茶祝贺为礼。江南水乡当初生婴儿满月有“满月茶”。江西安福等赣西茶区，妇女有挨家喝“春茶”的礼俗，从大年初一开始喝起，一天一家，一直喝到村里最后一家才告收场。苏沪杭一带，新年新岁都向来客敬奉一杯“元宝茶”，祈愿新年春风得意，万事亨通。

茶礼，在我们这个素有礼仪之邦、文明古国之誉的国度，具有独特的含义，表达的是国人恬淡、谦和的高尚心灵。

当茶由渴饮而渐次提升到品饮，并日益广泛而密切地与美术、工艺、音乐、诗词等众多文学艺术门类相融合，这就将茶事雅化了，升华为一种生活艺术。喝茶，已不在于止渴，不在于口腹之欲，或者说不仅仅在于此。茶悄悄地从“柴米油盐酱醋茶”这开门七件事中走出，步入了“琴棋书画诗曲茶”，并被称之为“茶艺”。

茶艺，择要而言，在于探求五境之美，即择茶、选水、候火、配具和环境营造。这五者之间，按品茶者的创意，协调而成为完整的有机体，互相引发，互相烘托。二十世纪九十年代中期在全国大中城市兴起的茶艺馆，馆主们所追求的、或者说要为客人提供的，就是这五境之美。1999 年，国家劳动与社会保障部颁布的《中华人民共和国职业分类大典》中，把茶艺师列入其中。从此，茶艺师成为新时代茶馆行业一门新兴的职业。

如果说，昔日的茶艺仅局限在富裕之家或文人斋室，而今的茶艺则已走向爱茶大众，进入文化休闲市场。

有位哲人说：品茶似乎是品味着人生。的确，品茶不止是艺术与生活的结合，而且蕴含着人生哲理。品茶是一种生活享受，也是一种文化熏陶。杯茗在手，神驰八极，苦涩回甘的茶味，委实如绵长的人生之路，回味的是从艰难足迹寻得的人生哲理。这该算是进

品茶是一种生活享受，也是一种文化熏陶。（吴剑峰摄影）

入了茶道的境界，即茶中悟道。

茶，同样的一杯茶，由于喝饮品啜者不同的个人秉赋、社会境况、文化修养，就会有各不相同的感受和思悟。茶饮、茶俗、茶礼、茶艺、茶道，中国茶文化的方方面面，无论俗人、雅士，各有所好，各有所得。茶的生命力，茶文化的魅力，或许就在这里。

草木英华信有神

唐宋八大家之一的曾巩有一首《尝新茶》，全诗如下：

麦粒收来品绝伦，
葵花制出样争新。
一杯永日醒双眼，
草木英华信有神。

茶，百草中的精华。这是历代茶家的共识，并各自以最美的语言来赞美茶。

“茶者，南方之嘉木也。”陆羽在《茶经》开首就如是说。

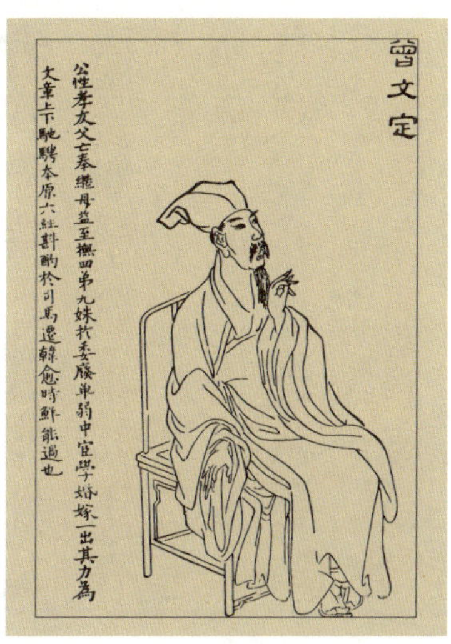

曾巩像

“山实东吴秀，茶称瑞草魁。”杜牧赞茶为众多吉祥草的魁首。

宋时朝廷上下独誉闽地建安的茶。宋徽宗赵佶在《大观茶论》中说：“茶之为物，擅瓯闽之秀气，钟山川

茶經卷上

唐竟陵陸羽鴻漸撰

一之源

茶者南方之嘉木也一尺二尺廼至數十尺其巴山峽川有兩人合抱者伐而掇之其樹如瓜蘆葉如梔子花如白薔薇實如栟櫚葉如丁香根如胡桃瓜蘆木出廣州似茶至苦澁栟櫚蒲葵之屬其子似茶胡桃與茶根皆下孕兆至瓦礫苗木上抽其字或從草或從木或從木幷從草當作茶其字出開元文字者義從木當作搽其字出本草草木幷作茶其字出爾雅其名

《茶经》书影

狮子山奇峰突兀，古树深幽，此处所产的西湖龙井茶品质最佳。（蔡荣章 摄影）

之灵禀。”曾任福建路转运使的丁谓说：“建安茶品，甲于天下，疑山川至灵之卉，天地始和之气，尽此茶矣。”都说茶是天地山川之间的至灵之物。

明人许次纾在《茶疏》中说：“天下名山，必产灵草。江南地暖，故独宜茶。”

明代把岕茶奉为仙品。曾当过长兴县太爷的明人熊明遇说：“岕茗产于高山，浑是风露清虚之气，故为可尚。”

在众多对茶的赞誉中，最让人难忘的，还是苏轼在《次韵曹辅寄壑源试焙新茶》中叹咏的：

要知冰雪心肠好，
不是膏油首面新。

老龙井狮峰茶园（苏庆丰摄影）

戏作小诗君莫笑，
从来佳茗似佳人。

品茗者醉心寻觅的似佳人般的佳茗，几乎都在风景秀美的山川佳绝处。西湖群峰有龙井，武夷山有岩茶，黄山有毛峰，庐山有云雾，君山有银针等等，真是物华天宝。山川胜景是天工造化，名茶的美质亦是自然所赐予的。

山川灵禀秀气滋养了名茶，而茶园风物亦为山川增光添彩。

范仲淹像

宋代诗人范仲淹知杭州时写过一首《鸠坑茶》诗："潇洒桐庐郡，春山半是茶。轻雷何好事，惊起雨前芽。"秀美洒脱的富春山水，仲春时节美在茶山。

站在雄伟壮丽的岳阳楼上，向西眺望，在烟波浩淼的洞庭湖中横卧着一个绿色的长岛，那层层叠叠的山峦，真是一个绿色的世界。除了蓊郁的树木，碧森森的竹林，就是葱绿的茶树了。君山上十二峰，峰峰有茶树，漫山遍野的茶林，把君山打扮得犹如一颗碧绿的翡翠，镶嵌在400公里洞庭湖中。游罢君山，给人留下最深刻的印象便是茶了。

"入山无处不飞翠，碧螺春香百里醉。"在太湖之滨的洞庭东、西山，是我国绿茶珍品——碧螺春的产地。山上茶果间作，茶树与枇杷、杨梅、柑橘等二十多种果树相交错，使这里的茶叶具有花果香的天然品质。尤其是采茶季节，春意盎然，满山苍翠，茶香百里，浑

自唐代至清代，蒙顶茶一直被列为贡品，无怪乎后世有“扬子江心水，蒙山顶上茶”的美誉。

然是太湖的一颗绿色宝珠。

在四川的名山县和雅安市交界处，有座云雾缭绕的蒙山，据说西汉时候有个叫吴理真的道士，最早在蒙山顶上种植了七株茶，号称“仙茶”，自唐玄宗时候起，仙茶作为贡品年年岁岁运往京师……如今登上海拔1500多米的蒙山上清峰，在名闻古今的皇茶园边，用峰下古蒙泉沏一杯仙茶，啜上一口，吟一遍白居易的诗句：“琴里知闻唯渌水，茶中故旧是蒙山”，真似有山中遇故旧之感。

龙井茶鲜叶。（汪健伟摄影）

安徽宣城的敬亭山，因南朝诗人谢朓登临写了首《游敬亭山》，而后引得李白、梅尧臣等历代诗人纷纷前往凭吊赋诗。这里四季云雾缭绕，春夏百花溢香，茶树为茂密的森林所荫蔽，云蒸霞蔚，茶吮花香，花茶相依。游人来到绿雪茶社，品茗小憩，送上一杯敬亭绿雪茶，顿时一股幽香扑鼻而来，细看汤清色碧，茸芽匀净，犹如片片雪花，啜饮一口，香郁甘甜，沁人心脾，令人难以忘怀。

名山出名茶。选茶如游山，品茶同时也在品读山。

自临钓石取深清

苏东坡绝对是一个品茶行家。在北宋文坛上，与茶结缘的人不可悉数，但能像他那样，对品茶、烹茶、种茶均在行，对茶史、茶功有研究，又创作出众多咏茶诗作的，恐怕难找出第二个了。“精品厌凡泉”，他认为好茶必配好水，如若找不到佳泉，清冽的江水也可取。只是取江水烹茶大有讲究。苏轼晚年，因哲宗亲政，蔡京、章惇之流用事，专整元祐旧臣，而一再被贬。元符三年(1100)贬至琼州，其地无泉，苏轼就汲江水烹茶，有《汲江煎茶》一首：

苏轼像

活水还须活火烹，
自临钓石取深清。
大瓢贮月归春瓮，
小勺分江入夜瓶。
雪乳已翻煎处脚，
松风忽作泻时声。
枯肠未易禁三碗，
坐听荒城长短更。

明·仇英《观泉图》(局部)

杨万里对东坡此诗备加赞赏，他说：“七言八句，一篇之中句句皆奇，一句之中字字皆奇，古今作者皆难之。”尤其对“自临钓石取深清”一句，剖析其七字而具五意：一“清”，选水质清澈之江；二“深”，从江深处取清者；三“石”，是石下之水，非有泥土之处；四“钓”，石乃钓石，非寻常之石；五“自临”，东坡自汲，非遣卒奴。在生活条件差次的地方，只要用心寻觅，讲究方法，也能取得好水。苏轼在政治上坐讪谤贬、生活上艰难困苦的境况下，仍能以乐观的精神，自汲江水煎茶，以茶寄情，以茶自娱。只可惜这样好的茶，因为夜深肠空，又无夜宵可食，而“未易禁三碗”。

李德裕像

顾炎武像

嗜茶者品茶，不仅迷恋茶，亦迷水。唐相李德裕好饮惠山泉，特置驿传递，不远数千里，传为佳话。茶友间常将名泉佳水互相馈赠的，唐时就有。陆龟蒙《谢山泉》有句：“决决春泉出洞霞，石坛封寄野人家。”陆龟蒙曾置园顾渚山下（在今浙江长兴），开山种茶品茗，一位山居朋友收集霞洞的山泉水，用石坛封固寄给他，故以诗示谢。在茶人心中，佳泉与香茶是同等珍贵的。

这里有一个现象，就是茶人对泉的关注始于唐代，而在唐之前并未被提上位置，为什么？

“自秦人取蜀后，始知茗饮。”（清顾炎武《日知录》）茶在原始利用时期是作药用，而后当菜食，又作祭祀品，大约到秦时发展为饮用。在茶被当作饮用后，有相当一个时期是混煮羹饮。三国魏人张揖《广雅》中说：“荆巴间，采叶作饼，叶老者，饼成以米膏出之。欲煮茗饮，先炙令赤色，捣末，置瓷器中，以汤浇覆之，用葱、姜、橘子芼之。其饮醒酒，令人不眠。”这种把茶做成羹汤来喝的习俗，几乎一直沿袭到唐初。陆羽大力倡导茶的清饮法，以品饮茶的真香真味取代粗犷的羹煮法，他认为“用葱、姜、枣、橘皮、茱萸、薄荷之等煮百沸，或扬令滑，或煮去沫，斯沟渠间弃水耳”。欲品饮茶的真香真味，不仅茶要好，煮茶的水亦要好，故陆羽《茶经》说：“其水用山水上，江水中，井水下。”据张又新《煎茶水记》，陆羽将其所历经之水尝试煮茶，按精优程度依次排列20处。以庐山康王谷水帘水第一，无锡惠山寺石泉水第二。另据张又新所记，刘伯刍也曾“称较水之与茶宜者，凡七等”，把扬子江中泠水（又称南泠水）列为第一，无锡惠山泉第二。由于历史变迁，庐山康王谷水帘水渐渐鲜为人知，连在《中国名胜词典》等专业辞书中也未见身影；而扬子江中泠水，一千多年来一直被世人称誉为“天下第一泉”，如今成

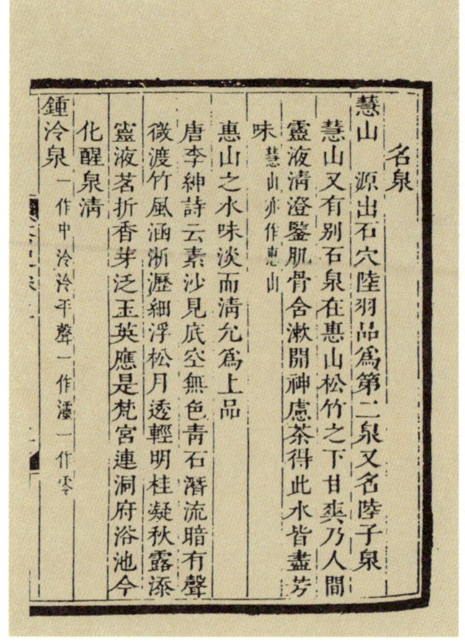

名泉
慧山　源出石穴陸羽品爲第二泉又名陸子泉
慧山又有別石泉在惠山松竹之下甘爽乃人間靈液清澄鑒肌骨含漱開神慮茶得此水皆盡芳味（慧山亦作惠山）
惠山之水味淡而清允爲上品
唐李紳詩云素沙見底空無色青石潛流暗有聲微渡竹風涵淅瀝細浮松月透輕明桂凝秋露添靈液茗折香芽泛玉英應是梵宮連洞府浴池今化醒泉清
鍾泠泉（一作中 泠泠平聲 一作濡 一作零）

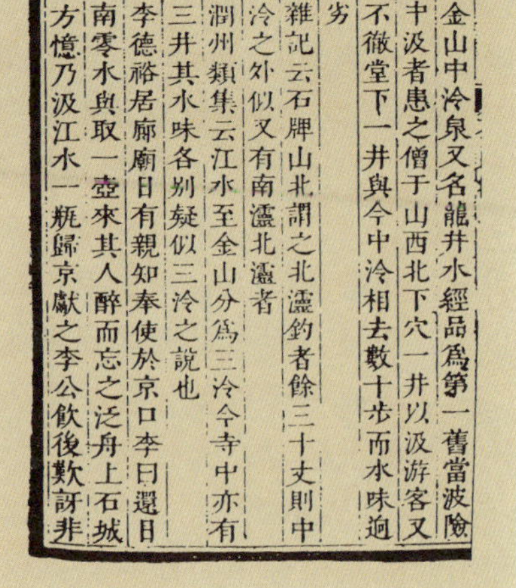

金山中泠泉又名龍井水經品爲第一舊當波險中汲者患之僧于山西北下穴一井以汲游客又不徹堂下一井與今中泠相去數十步而水味迥劣
雜記云石牌山北謂之北瀘釣者餘三十丈則中泠之外似又有南瀘北瀘者
潤州類集云江水至金山分爲三泠今寺中亦有三井其水味各別疑似三泠之說也
李德裕居廊廟日有親知奉使於京口李曰還日南零水與取一壺來其人醉而忘之泛舟上石城方憶乃汲江水一瓶歸京獻之李公飲後歎訝非

《茶史》中关于中泠泉与惠山泉的记述

天下第一泉

明 · 沈周《金山图》(局部)

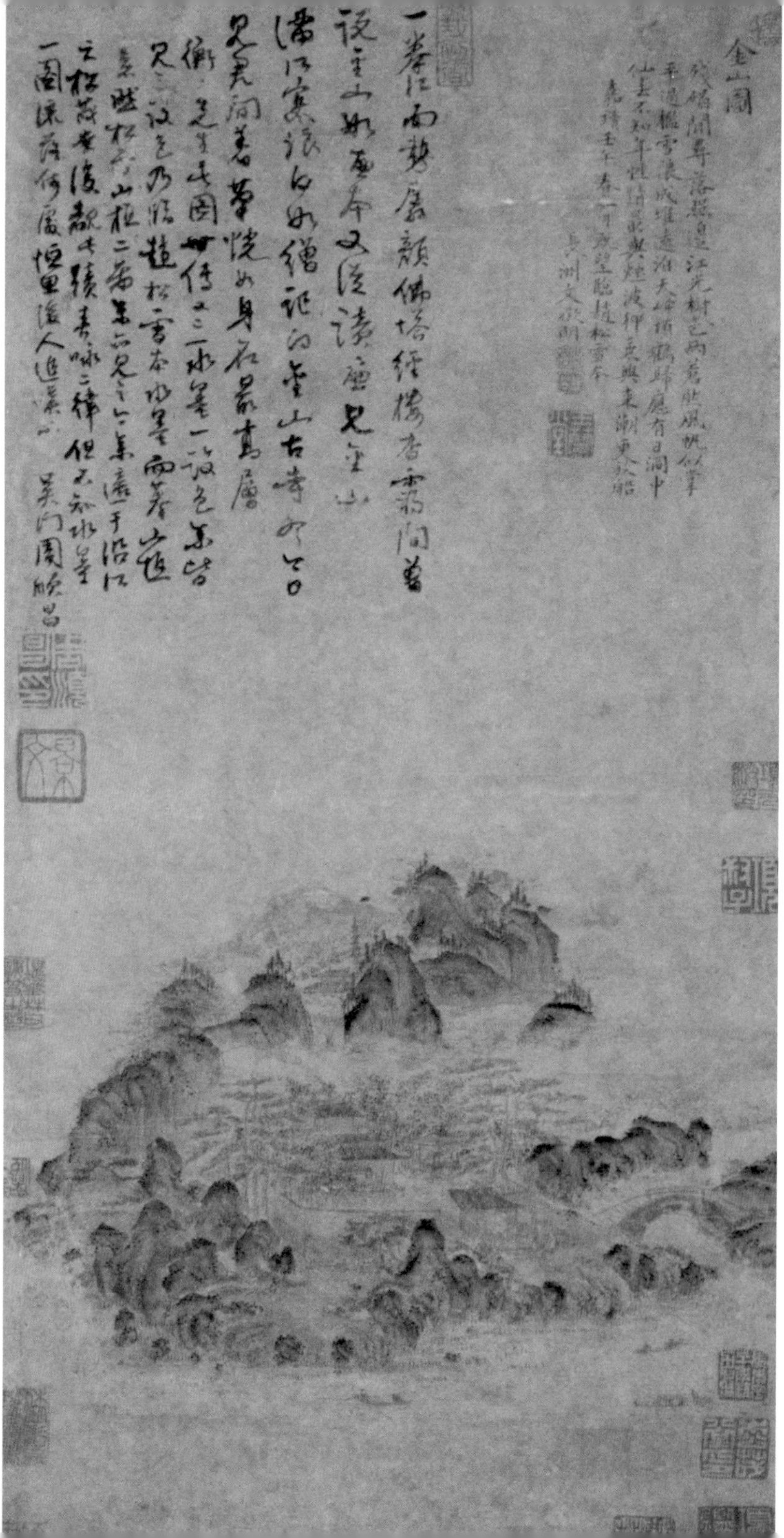

明·文徵明《金山图》

明 · 文徵明《惠山茶会图》（局部）

天下第二泉

了游金山者必欲一睹的胜迹。

“景以人兴，人以景传”，这话概括了一部分历史胜迹成名的缘由，中泠泉亦如此。唐人刘伯刍的鉴水评泉一出，尽管后人鉴别有更精绝的泉品，如张又新在到了桐庐严子滩后，说溪色至清，水味至冷，用以煎佳茶，不可名其鲜馥，愈于扬子中泠殊远。然中泠泉声名早已不胫而走，名士文人纷纷慕名而至，烹泉品茗，吟咏赞唱。元代萨都剌有句：“山中好景无多地，天下知名第一泉。”文天祥诗云：“扬子江心第一泉，南金来北铸文渊；男儿斩却楼兰首，闲品茶经拜羽仙。”明代唐寅亦有诗：“日斜未放沧浪渡，饱酌中泠洗宿心。”

中泠泉得之殊非容易。《中泠泉记》在记叙取泉方法时说：“于子午二辰，用铜瓶长绠入石窟中，寻若干尺，始得真泉；若浅深先后，少不如法，即非中泠真味。”取泉水须依时辰乘船过去，并需有专用器具和一定的技法。名士文人还在中泠泉留下了许多奇妙的传说，令人钦羡。唐朝名相李德裕，曾三度任润州（镇江古称）刺史，李德裕嗜茶癖水，又独爱中泠泉水。当了宰相后，仍然怀念润州，眷恋泉水。一次，有个朋友去润州，李嘱他船回京时，带一瓶中泠泉水来，那位朋友不意在回京途中吃醉了酒，船经中泠忘了取泉水。等他酒醒，船已到了石头城（今南京），突然记起，急忙从江里舀了一瓶。李德裕拿到这水，呷了一口，疑惑地说：“中泠水的味道变了，这倒很像建业石头城下的江水。”那人听了，只好老实地把经过如实禀报。茶神陆羽也有类似的传说。真是“因人传泉泉传人”，传说渲染了李德裕、陆羽鉴水品泉的神秘，亦使中泠泉声名愈大。

文天祥说“扬子江心第一泉”，依诗句及传说，我在未去金山探泉之前，一直以为中泠泉还在江中。直至到了金山，方弄清了泉的变迁。金山原四面环水，屹立长江之中，游人至金山靠舟楫横渡，中泠泉亦在“乱石嶙峋，若奇鬼怪兽”的洪涛巨浪之中。后来由于长江泥沙沉积，主道不断北移，到清同治初年，金山开始与南岸陆地相连，游人得以“骑驴上金山”了。金山下的中泠泉也渐由江心转到陆地。今所见中泠泉已砌成方池，池中有泉水喷激，簌簌如明珠

听泉

明·仇英《松亭试泉图》(局部)

走盘，听之有声。池围石栏，池壁石刻“天下第一泉”几个大字。据说，中泠泉一度淹没，是清末镇江太守王仁堪在芦苇丛中重新发现，遂砌池刻石，又盖楼建亭，池前有双檐六角的“鉴亭”，池后是“品泉楼”。

也许是因中泠泉水取用难，或是其他还有什么原因，自唐宋以来，少有人品饮，诗文中记述得也少。而无锡惠山泉，往来取用便捷，尽管位于第二，却饮者众，记述也丰富。陆羽两度赴锡，撰有《惠山寺记》，他说：“夫江南山浅土薄，不有流水，而此山泉源，滂注崖谷，下溉田十余顷”。曾拜唐相的李绅，无锡人，《悯农二首》是他的传世杰作。李绅两度在惠山寺读过书，在泉旁筑读书台，有《别泉台》诗，诗前小序云：“惠山书堂前，松竹之下，有泉甘爽，乃人间灵液，清鉴肌骨，漱开神虑，茶得此水，尽皆芳味也。”极言惠泉之美。到宋时，二泉水还列为贡品。政和二年（1112）四月初八，宋徽宗于后苑太清楼举行盛大宫廷茶宴。这次茶宴上，即是煮二泉水，烹新贡太平嘉瑞团茶，点汤于建溪御窑烧制的黑釉兔毫盏。两年后，徽宗命二泉入贡。张邦基《墨庄漫录》有记：“无锡慧（惠）山泉水，久留不败，政和甲午岁（1114），赵霆始贡水于上方，月进百坛。”周辉在《清波杂志》中有“拆洗惠山泉”一则，记曰：二泉水从惠山致汴都，“未免瓶盎气，用细沙淋过，则如新汲时，号‘拆洗惠山泉’”。这是当时的一种泉水保鲜方法。据徐珂《清稗类钞》说，清高宗乾隆时，北京玉泉水的保鲜方法，是采取以水洗水：“每载玉泉水以供御，然或经时稍久，舟车颠簸，色味或不免有变，可以他处泉水洗之，一洗则色如故焉。其法，以大器储水，刻分寸，入他水搅之，搅定，则污浊皆沉淀于下，而上面之水清澈矣。盖他水质重，则下沉，玉泉体轻，故上浮，挹而盛之，不差锱铢。”

尽管乾隆把北京玉泉品评为天下第一泉，但对惠山泉还是备加赞赏。乾隆六巡江南，七次品茗惠山泉，留下许多诗篇。“惠山氿泉天下闻，陆羽品后伯仲分。中泠江眼固应让，其余有洌谁能群”（《汲惠泉烹竹炉歌》）。极言二惠水质的脱俗超群。乾隆行事处处以乃祖为楷

乾隆像

模，在品惠山泉这点上亦同样。康熙六巡江南就是七品惠泉，这多出的一次，系第三次南巡回銮复经无锡时，有《回銮复过无锡》诗纪之：“是谁妙笔点峦容，蕴藉近入四五峰。堪挹山泉烹雀蕊，并添新黛入瓯浓。”

二泉流淌千年，不仅仅为茶人提供“轻清甘洁”的瀹茶活水，而且其幽雅泉庭、诗情画意成为文艺家创作的题材。惠泉是茶泉，又是一眼文化之泉。今人至无锡惠山，在品泉瀹茶之中，都同时享受着惠泉文化的滋润。

明·钱贡《竹林雅集图》

李生好客手自煎

当有人可为你代劳煮水泡茶时，你会怎样，是坚持亲手操持，还是托付他人？

“君不见，昔李生好客手自煎，贵从活火发新泉。”苏轼在诗里所说的李生，即唐时曾官至兵部员外郎的李约。李约操行雅度，萧萧冲远，有山林之致，一生不近粉黛。有记载说，他在湖州得古铁一片，击之清越。又养猿，名山公，随李而逐。月夜泛江登金山，击铁鼓琴，猿必啸和，常倾壶达旦。李约嗜茶，有客至，必亲自煮水烹茶。他对水温的掌握十分精到。陆羽《茶经》中说，煮茶以二沸水为当时，即应将研磨好的茶末投入锅(又称锓、镬)内。李约认为：“陆氏之法，以末就茶镬，故以第二沸为合量而下，未若今以

明 · 王问《煮茶图》(局部)

明·陈洪绶《隐居十六观之品茗》

汤就茶瓯瀹之，则当用背二涉三之际为合理。”就是说，当不是用锅来煮茶，而是将茶末置瓯中用沸水冲点时，这沸水应掌握在二沸至三沸之间。

沏茶之水强调一个“嫩”字，切莫煮沸过头，过了谓之“老水”。“汤欲嫩而不欲老，盖汤嫩则茶味甘，老则过苦矣。”（罗大经《鹤林玉露》）故历来嗜茶者对候汤一节，事必躬亲。可以举出很多例子来：

“柴门反关无俗客，纱帽笼头自煎吃。”（卢仝《走笔谢孟谏议赠新茶》）

“磨成不敢付僮仆，自看雪汤生玑珠。”（苏轼《鲁直以诗馈双井茶次直韵谢》）

“刘侯惠我小玄璧，自裁半璧煮琼糜。”（黄庭坚《奉谢刘景文送团茶》）

“无锡铜瓶手自持，新芽顾渚近相思。”（苏辙《次韵李公择以惠泉答章子厚寄新茶》）

“何时归上滕王阁，自看风炉自煮尝。”（杨万里《以六一泉试双井茶》）

“雪液清甘涨井泉，自携茶灶就烹煎。”（陆游《雪后煎茶》）

“日长何所事，茗碗自赍持。料得南窗下，清风满鬓丝。”（唐寅《题事茗图》）

“嫩汤自候鱼眼生，新茗还夸翠展旗。”（文徵明《煎茶》）

袁枚像

嗜茶者之所以要“自煎”、“自候”，实在是因为这“嫩汤”变“老水”，只是顷刻间的事，稍有疏忽便过矣。清诗人袁枚，是一位有丰富经验的烹饪家，于饮茶也十分地道。他在《随园食单·茶酒单》中详细叙述了候火定汤之术，他说：“烹时用武火，用穿心罐一滚便泡，滚久则水味变矣，停滚再泡则叶浮矣。一泡便饮，用盖掩之则味又变矣，此中消息，间不容发也。”就是说，候火定汤精心掌握，此间不容有一发一丝的差距。袁枚还说了这样一件事：一天裴中丞到随园作客，袁枚亲自煮水候汤招待他品茶。第二天裴逢人便说：“我昨天过随园，才真正吃到了一杯好茶。”袁枚说，其实并非士大夫们没有好茶，而是他们烹煮不得其法。

那么，候汤的具体方法又怎样呢？明人许次纾在《茶疏》中如是说：

水一入铫，便须急煮。候有松声，即去盖，以消息其老嫩。蟹眼之后，水有微涛，是为当时。大涛鼎沸，旋至无声，是为

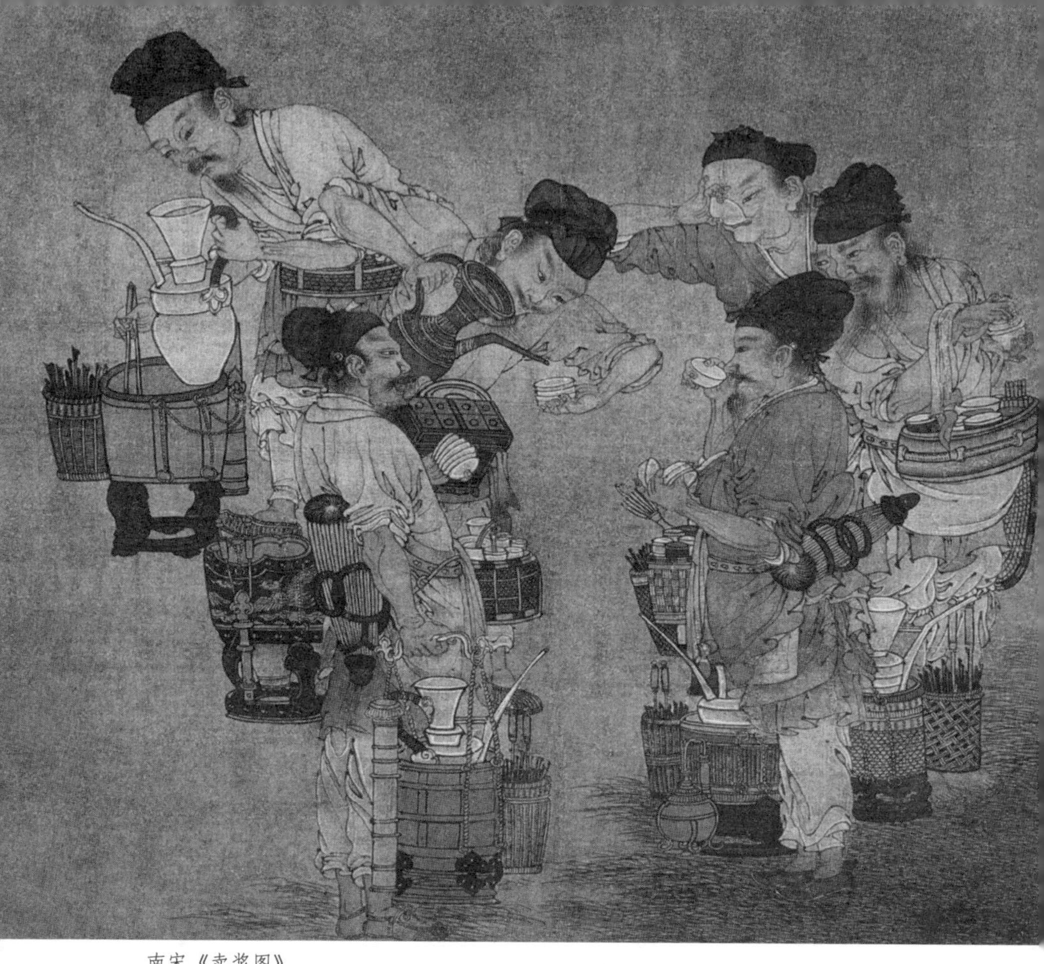

南宋《卖浆图》

过时。过则汤老而香散，决不堪用。

从科学道理来说，因为溶解于水中的气体全被驱散掉了，水失去了刺激性，没有原来的鲜味了。

不同茶类对水温会有不同的要求。古代尽管茶类和烹煮方法都比较单一，对水温的掌握也比较接近，但也还是会有差别。前面说到李约的经验，茶用锅煮和用瓯盏冲点，温度就有不同。如今茶类大大丰富了，有采小叶种茶树细芽嫩叶制成的绿茶，有摘中叶种茶树适当养老芽叶制成的乌龙茶，还有取大叶种茶树原料制成的普洱茶，等等。如今候汤，就要依据不同茶类确定相应的水温，沏泡绿茶水温宜低，水烧开后应立即离炉，或稍置片刻降温后再冲，或先倒入水注稍待再冲；沏泡乌龙茶温度要高，因此可在水烧开后即冲泡，并增加温壶和淋壶两道程序，以提高壶温；沏泡普洱茶水温同样要高，除如同乌龙茶那样沏泡外，还可采取煮茶法。

科学实验证明，泡茶用水的温度高低，对茶汤主要化学成分的浸出量有着重要的影响，因而茶汤的滋味、香气就会有明显差别。浙江大学茶学系龚淑英教授等，对龙井茶沏泡作过科学实验。他们用不同温度的水来沏泡龙井茶，再对茶汤中的主要化学成分浸出量进行分析测定，结果表明：泡茶水温提高，茶汤中的茶多酚、咖啡碱、氨基酸的浸出量有明显增高，70℃～85℃区间的增加幅度较大。就不同成分而言，其增加幅度有别，茶多酚浸出量随温度的变化程度最大，即温度越高浸出量越大，咖啡碱次之，氨基酸最小。说明氨基酸的冷溶性最好，咖啡碱次之，茶多酚的冷溶性最差。

由于茶汤中主要化学成分浸出量的不同配比，便有了茶汤滋味、香气和汤色的差别。茶多酚是构成龙井茶浓度与收敛性的重要品质成分，其量过多，比例不协调，会使茶味苦涩。如果用高水温沏泡龙井茶，就会使茶多酚脂型儿茶素的浸出速率增加，从而加重茶汤的涩味和苦味。因为产生苦涩味的脂型儿茶素需要相对高的水温沏泡才能大量浸出。咖啡碱浸出量随沏泡水温的增减变化趋势也很明

香茗一杯亦醉人

客来敬茶

显，沏泡温度越高，其浸出量越大，说明咖啡碱的浸出过程要一定的热量完成。而氨基酸极易溶于水，是构成龙井茶鲜爽回甘的主要风味成分，受沏泡水温影响变化较小。

由此，我们也就明白了为什么用较低水温沏泡的龙井茶才好喝。茶汤的滋味主要在于它的醇和度、鲜爽度和浓度。茶多酚可作为浓

明 · 丁云鹏《煮茶图》(局部)

度的代表物质，氨基酸是鲜爽度的代表物质，而醇和度就是浓度与鲜爽度协同调和所形成的结果。合适的茶多酚、咖啡因和氨基酸含量与比例，才形成较好的口感。对于龙井茶来说，其滋味强调鲜醇为主，浓度为辅。用较低水温沏泡的龙井茶，有利于醇和、鲜爽味的形成。不然，随着沏泡水温的提高，茶汤的浓度增高，鲜爽性便会下降。

“昔李生好客手自煎，贵从活火发新泉。”今日科学实验证明，李生自候活火定汤，保持沏茶之水的“嫩”度，确有道理。有好茶，不一定能喝到好滋味。了解茶性，亲自动手，有理有趣，何乐而不为!

傅抱石《蕉阴煮茶图》

越瓯犀液发茶香

蜀纸麝煤添笔兴，
越瓯犀液发茶香。

唐诗人韩偓在《横塘》诗里的这一联句，说出了自己在书法和品茶活动中的感受。纸墨佳可添笔兴，茶具精能助茶香。诗人用“犀液”，即初放的桂花，经过咸卤腌制后点茶，置于越窑所产的青瓷茶碗中，茶香得以透发，茶色清芬可爱。可见茶具对于品茶的重要。

茶具的出现大大晚于茶的饮用，即茶的饮用之初，有相当长一段时期，没有专用茶具，是与食器混用，一器多用。

茶具最早见之于文献是在西汉。公元前59年，王褒《僮约》中有“烹茶尽具”一项。在浙江湖州的一东汉晚期墓葬中，出土一只侈口束颈青瓷罐，罐肩下设四环形系，深腹椭圆，罐内壁施青绿色釉，腹下部及底部露素胎。罐肩书有一个“茶”字，故知

东汉青瓷贮茶瓮上的“茶”字

五代·定窑白釉瓷风炉与瓷镬

为贮茶器。江西南昌东汉晚期墓中，也有一件同类贮茶罐出土。

自有茶具这两千多年来，流风变迁不断，可谓代有所变，时有

所尚。

茶具的变迁，从总体上看是由简到繁、再由繁到简这样一个过程。这与茶叶加工制作和饮用的发展变化密切相关。自汉至魏晋南北朝，茶处于混煮羹饮阶段，茶叶制作比较粗放，煮饮用具也较简单，茶具是逐渐从食具中分离独立出来的。到唐时，陆羽提倡茶叶清饮，除了少许盐外，不再加其他任何调料，茶叶制作及品饮都进入了一个新时期。唐代茶叶加工制作主流方式是饼茶。按陆羽《茶经》记述，茶叶采摘下来后，经蒸之、捣之、拍之、焙之、穿之、封之而制成茶饼，品饮时用煮茶法，即将茶饼炙烤、碾末后，投入鍑(锅）中煎煮，然后盛碗，连汤带末啜饮。如此，煮饮法所需茶具就十分繁杂，《茶经 · 四之器》开列了一张茶具单，共 28 种，分为生火用具、煮茶用具、烤茶碾茶用具、盛水滤水和取水用具、盛盐取盐用具、饮茶用具、清洁用具、收藏用具共 8 类。

宋代，团饼茶制作更加精细，崇尚白茶，品饮时不再煎煮，而是冲点，就是茶不再投入鍑(锅）里煮，而是用沸水在茶盏里冲点，不再放盐。因此，宋代茶具跟着发生了变化，总的说是器具精简了，器形趋小，制作精致。审安老人《茶具图赞》列茶具 12 种：

韦鸿胪——茶笼、茶焙

木待制——砧椎

金法曹——茶碾

石转运——茶磨

罗枢密——茶罗

宗从事——茶帚

胡员外——水杓

汤提点——汤瓶

陶宝文——茶碗

漆雕秘阁——茶托

竺副帅——茶筅

司职方——茶巾

唐《宫乐图》（局部）
由此图可知唐代越窑青瓷茶碗已进入宫廷

北京石景山金赵励墓壁画之点茶图

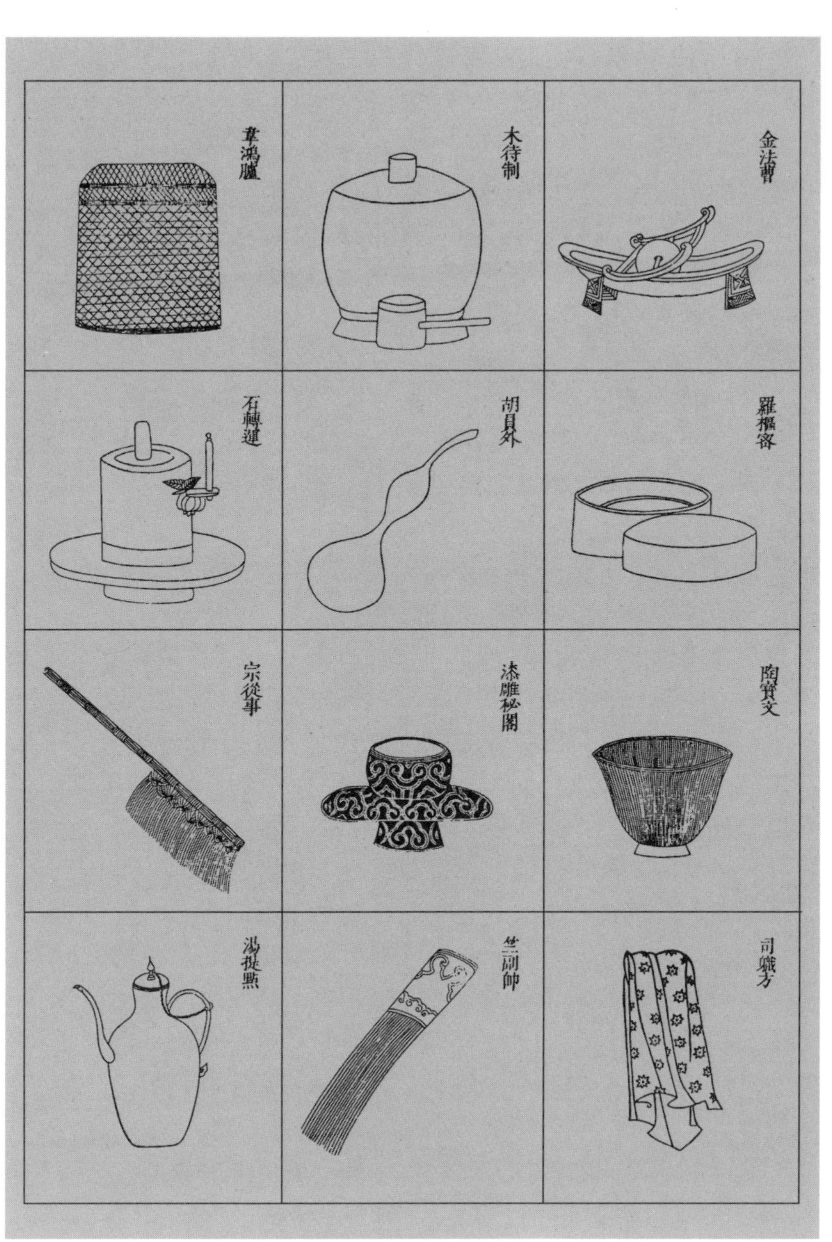

南宋·审安老人《茶具图赞》

以上12种用具，前6种是烤茶、碾茶用，后6种是点茶、饮茶用。蔡襄《茶录》下篇论茶器中列了9种用具：茶焙、茶笼、砧椎、茶钤、茶碾、茶罗、茶盏、茶匙、汤瓶，前6种烤碾茶用，后3种冲点饮茶用。宋徽宗在《大观茶论》中只列了6种用具：碾、罗、盏、筅、瓶、杓，前2种用于碾茶，后4种用于冲点、饮茶。

朱元璋像

到了明代，明太祖朱元璋出于减轻茶户劳役，下诏令："岁贡上供茶，罢造龙团，听茶户惟采芽茶以进。"从此散茶崛起，茶的冲点品饮方式随之变革："细茗置茶瓯，以沸汤点之"。这种"撮泡法"，省掉了烤茶、碾茶、罗茶等繁琐手续，茶具大大简化。一般只置一壶数杯，或仅一杯而已。明清时期茶具使用的特点：一是壶被引入了饮茶器具，即用壶来沏泡茶，而宋时的壶称为"汤提点——汤瓶"，只是用来烧水的。二是紫砂茶具如异军突起，虽然在宋时已有被采用，但紫砂茶具的繁荣在明清。三是茶瓯、茶盏比之宋代更趋小巧，尤其是福建、广东民间工夫茶的兴起，瓯小如胡桃，壶小如香橼。

现代茶具，由于承袭了明清以来的撮泡法，茶具的基本格局没有大的变化，只是由于茶类的发展，除了绿茶之外，还有乌龙茶、红茶、黑茶等，不同茶类会有不同个性的茶具。同时，制作茶具的材料日趋多样化，如玻璃、搪瓷、不锈钢、塑料等，造型更加丰富多彩。

茶具的相继更新换代，既是适应茶叶加工制作和品饮方式不断发展的需要，也反映了茶具内质和外形、功能与审美的日趋完善结合，映照出历代茶人的不断追求。陆羽在《茶经》中对青釉和白釉

北宋·定窑白釉瓷碗

五代·越窑莲瓣形盏托

唐 · 邢窑白釉浅底瓷碗

宋 · 龙泉青瓷碗

两种茶碗作了评定，六个青釉瓷的等第为：“越州上，鼎州次，婺州次，岳州次，寿州、洪州次。”他独爱浙江余姚越窑产的青釉瓷碗。白釉瓷产地著名的有四川大邑窑、河北邢窑、河南巩县窑和景德镇梅序窑等。杜甫在《允碗诗》中很是赞誉大邑窑：“大邑烧窑轻且坚，扣如哀玉锦城传。”有人称河北邢窑的白瓷胜于越窑青瓷。陆羽却大不以为然，他说：“若邢瓷类银，越瓷类玉，邢不如越一也；若邢瓷类雪，则越瓷类冰，邢不如越二也，邢瓷白而茶色丹，越瓷青而茶色绿，邢不如越三也。”陆羽偏爱越瓷，除了越瓷本身类冰如玉质地佳美之外，更在于越瓷能助茶色，使茶的汤色借茶碗的衬益而更赏心悦目。陆羽这一选择与鉴赏茶具的观点，为后来历代茶家所继承。

北宋 · 钧窑天青釉玫瑰斑敛口瓷碗

北宋 · 吉州窑玳瑁釉剪纸双凤纹瓷碗

宋时有五大名窑：官窑、哥窑、汝窑、定窑、钧窑。釉色有黑、青、白、黄、酱多种，推黑釉最佳，这与当时的饮茶、斗茶风尚有关。宋人以茶白为贵，宋徽宗《大观茶论》

明·德化窑雕贴莲瓣纹瓷茶壶

说："点茶之色，以纯白为上，青白为次，灰白次之，黄白又次之。"当时的斗茶，以茶面泡沫鲜白，着盏无水痕，同时又能耐久为胜。为了便于在斗茶中观察茶面上的白沫，用青釉或其他有色釉自不相宜，而以黑盏来衬益乳花白沫，形成白黑二色对比，夺目可赏，当然是最适合的了。蔡襄在《茶录》中说："茶色白，宜黑盏。"

明朝流行的茶具，则"纯白为佳"。张源《茶录》云："茶以青翠为胜，涛以蓝白为佳。"由于明代盛行炒青散茶，并采取全叶冲泡，炒青茶颜色青翠如新，汤色青碧，故茶盏的衬益不再以青瓷为美，亦不宜用黑釉茶盏，而“盏以雪白者为上”。纯白的茶盏作底色，使茶叶和茶汤更现原色宝光，衬益之美显然。

陆羽爱青瓷，蔡襄贵黑盏，张源却以盏白者胜。他们各人的喜好不一，但以茶具颜色要与茶汤色泽两相衬益，发茶香、助茶色而言，他们的审美角度又是一致的。品茶作为一种生活艺术，讲究衬益之美，是配置茶具中所应下的功夫。

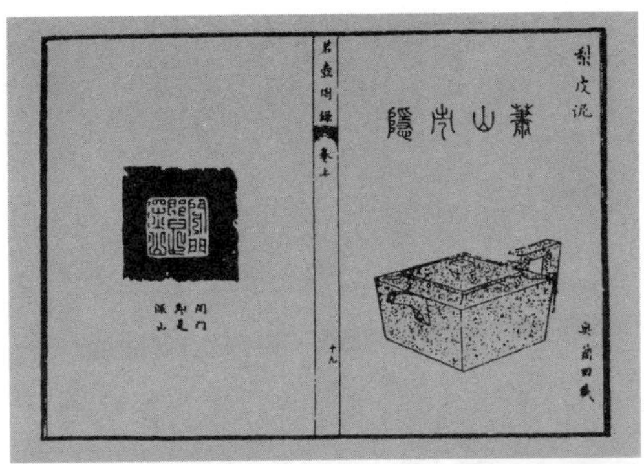

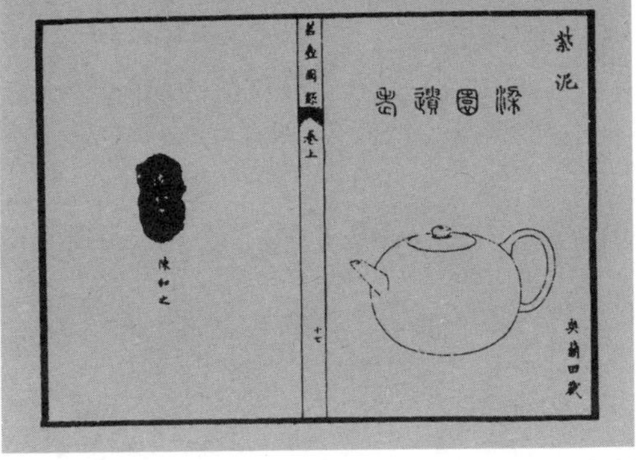

《茗壶图录》书影

紫砂陶的崛起，既拓宽了茶具的品种，又提升茶具的艺术品位。用紫砂作茶具，最早见于北宋文人的诗作。欧阳修《和梅公仪尝茶》诗中有“喜共紫瓯吟且酌，羡君潇洒有余清”之句。梅尧臣也十分推崇用紫砂壶烹茶，有诗云：“雪贮双砂罂，诗琢无玉瑕”。苏东坡喜好用紫砂提梁壶煮水，有“松风竹炉，提壶相呼”的记述。到了明代，人们对紫砂茶具的赞赏更是有口皆碑。周高起在《阳羡茗壶系》里说：“荆南土俗雅尚陶，茗壶奔走天下半。”清康熙《常州府志·物产篇》载：“惟壶则宜兴茶壶精美绝伦。四方皆争购之。”一时间，紫砂壶成为品茗斗茶不可或缺的名贵之物。这寸柄之壶、盈握之杯，被人珍同拱璧，贵如珠玉。紫砂壶的原料是深藏于岩层之下、镶嵌于泥料之中的“泥中泥”，性能殊绝。加上精湛的工艺技术，更充分发挥了原料的特性。紫砂壶里外不施釉，在烧结得十分致密的砂土中

明·金钱如意紫砂大壶

间，有肉眼看不到的气孔，既不渗漏又有良好的透气性。紫砂壶的冷热急变性好，寒天腊月，急注沸水，不会爆烈。传热缓慢，茶不易凉，也不炙手，而且使用年代越久，壶身越发晶莹光润。最为难得的是，用紫砂壶沏茶，既不夺香味，又无熟汤气，“聚香含淑”，“香不焕散”。

紫砂壶以小为贵。《阳羡名陶录》说：“壶供真茶，正如新泉活火，旋瀹旋啜，以尽色、香、味之蕴。故壶宜小不宜大，宜浅不宜深，壶盖宜盎不宜砥。汤力香茗，俾得团结氤氲。”历来茶家认为，茶性狭，壶过大，则香不聚。独自斟酌，愈小愈佳。邀客品饮，最好每客一壶，任其自斟自饮，方为得趣。

紫砂壶以不同茶叶的冲泡要求，一般有壶身高矮不同两种壶，高型的壶多为小口，适合泡红茶，因红茶宜于焖泡，可使茶色酽而

清 · 紫砂曼生匏壶

清·叶芳林、方士庶《九日行庵文宴图》(局部)

明·紫砂提梁壶

清 · 紫砂曼生石瓢壶

味香浓。矮型的茶壶多为大口，适合泡绿茶，因绿茶不经发酵，宜冲沏不宜焖泡，以使茶色碧绿而味清醇。吃工夫茶所用的“孟臣壶”，是一种特制的小壶。

紫砂壶不仅有良好的实用功能，而且以俗入雅，以平出奇，具有很高的审美价值。紫砂壶“方非一式，圆不一相”，造型精美，千姿百态。仿殷罍、商彝、周鼎古器的，庄重挺括，古朴浑厚；摹瓜果、花木、动物的，生意盎然，逗人喜爱；状实用器物变形塑造的，如僧帽、笠筐、纽扣，件件惟妙惟肖，别具一格；巧变各种几何图形的，或圆或方，或矮或扁，样样规方圆润，线条流畅。

紫砂壶的色彩，“妙色天错，烂若披锦”，紫而不姹，红而不嫣，绿而不嫩，黄而不娇，灰而不暗，黑而不墨，朴素、雅致、耐看。令人“骤看之而心惊，潜玩之而味永”，爱不释手。难怪古今对那些名手所制紫砂壶，视为“贵重如珩璜”，“珍重比流黄”，觅得一壶，赛过无价之宝。

黄华鲜新
昌硕

清·吴昌硕《册页》

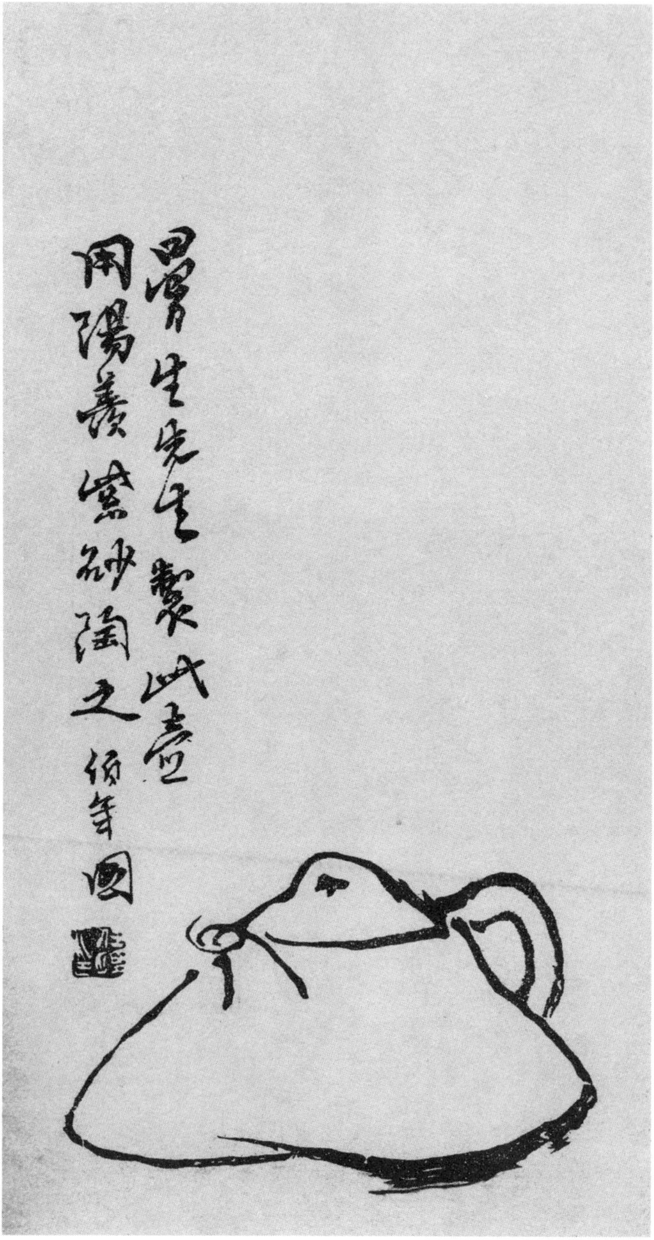

清·任伯年所绘的曼生壶册页

清·五彩竹雀纹瓷壶

在茶具这个“大家族”中，如今品种繁多，琳琅满目。除了瓷器和紫砂壶以外，还有玻璃的、搪瓷的、塑料的、金属的等等。从实用方便来说，这些都各具使用价值。若以品茶而言，可供选择的是瓷器、紫砂和玻璃三类。玻璃茶具质地坚硬，透明度高，适合于冲泡细嫩的高级名茶。一则名茶的香气高，选择玻璃杯泡茶，不易吸水吸香，使茶汤能充分发挥表面香，让人未喝茶先闻到香；二则名茶的外形美，色泽鲜，用玻璃杯冲沏，茶姿汤色，历历在目，煞是可爱。

坐饮香茶爱此山

品茗赏景需水、茶、景三者皆绝，犹如中国的画、书、诗的统一。中国的许多茶室设在风景园林之中，而且正是观景点上。来到西湖孤山西泠印社，拾级而上，登四照阁，选一临窗座位，泡一杯龙井，凭窗眺望，湖中景物历历在目，在明净如镜的湖中，两堤三岛仿佛绿玉雕成，南屏山和吴山，犹如翠屏锦幢，横亘眼前，心胸为之廓朗，真是西湖半日，强胜似达摩面壁十年。难怪历来茶家对品茶的环境选择很注重，从中显示出各自强烈的个性。

品茶需要有诗意的环境。有“立体诗画”之称的中国风景园林，它所构筑营造的“诗山画水”，正是品茶者所要寻觅的氛围。有独爱在树间竹下品茶的：“竹下忘言对紫茶，全胜羽客碎流霞。尘心洗尽兴难尽，一树蝉声片影斜。”(唐·钱起《与赵莒茶宴》)“新茶吾所爱，最爱雨前茶。四月梧荫下，壶杯写乳花。”(明·袁衮《尝新茶》)“僧窗开向层崖杪，茶灶安于古树根。”(清·冯柱雄《青狮岩》)有喜好在山间水边啜饮的：“野泉烟火白云间，坐饮香茶爱此山。岩下维舟不忍去，青溪流水暮潺潺。”(唐·灵一《与亢居士青山潭饮茶》)“柱杖寻源到上方，松枝半落澄潭静。铜瓶试取烹新芽，涛起龙团沸谷芽。”(明·于若瀛《龙井茶》)有的则倾心于寒灯月

明 · 文徵明《品茶图》(局部)

明 · 文徵明《林榭煎茶图》(局部)

下："山阁临溪晚更佳，绕崖秋树集昏鸦。何时再借西窗榻，相对寒灯细品茶。"（明 · 唐寅《题画山水》）"生拍芒丛鹰嘴芽，老郎封寄谪仙家。今宵更有湘江月，照出霏霏满碗花。"（唐 · 刘禹锡《尝茶》）

品茶与品园在艺术鉴赏和精神追求这一层面上有着共同点，而且两者相互交融，相得益彰，显示出它们内在的和谐。苏州拙政园内十八曼陀罗花馆中，原有一联云："小径四时花，随分逍遥，真闲却香车风马；一池千古月，称情欢笑，好商量酒政茶经。"有山水、明月、小径、花草之地，才是"商量茶经"之所。此一联，写尽了园林与茶经的相连与和谐。造园为品茶营构最佳时空，品茶是品园赏景的最佳心境。品茶与品园，都需要有一种闲适的心情，越是闲适高远、才情横溢的人，于品茶和品园中得到的情趣也越多。

明太祖朱元璋的第十七子朱权撰有一本《茶谱》，他说："鸾俦鹤侣，骚人羽客，皆能志绝尘境，栖神物外，不伍于世流，不污于时俗，或会于泉石之间，或处于松竹之下，或对皓月清风，或坐明窗静牖，乃与客清谈款话，探虚玄而参造化，清心神而出尘表。"品茶，追求的是恬淡、静谧，表明一种高洁的情怀。用知堂老人的话来说，那是"一种忙里偷闲、苦中作乐的活动"，是要在"不完全的现世享受一点美与和谐"，在"刹那间体会永久"。对茶的品味过程，也是一个心理意识的积淀、融会及至升华的过程。

品园，人们同样是走出喧嚣繁华的都市，偷得闲暇，投入自然的怀抱，不仅身入其境且心入其境，在人与景物的两相交融之中，进行情感的交流。用柳宗元的话来表达，便是"心凝形释，与万化冥合"。

妙的是品茶与品园的契合，两者达到了融化为一。郁达夫曾偕友游杭州西湖的九溪十八涧，途中品茶小憩，在《半日游程》中他记述说：

沿溪入谷，在风和日暖，山近天高的田塍道上，两人慢慢地走着，谈着，走到九溪十八涧的口上的时候，太阳已经斜到了去山不过丈来高的地位了。在溪旁的石条上坐落，等茶庄里的高翁去起茶煮水的中间，向青翠不像初春似的四山一看，我的心坎里不知怎么，竟充满了一股说不出的飒爽的清气。两人在路上，说话原已经说得很多了，

郁达夫像

九溪深处白鹤峰，山间多细流。山谷回环处的鹤涧亭，当年游人常在此品茶赏景

所以一到茶庄，都不想再说下去，只瞪目坐着，在看四周的山和脚下的水，忽而嘘朔朔的一声，在半天里，晴空中一只飞鹰，像霹雳似的叫过了，两山的回音，更缭绕地震动了许多时。我们两人头也不仰起来，只竖起耳朵，在静听着这鹰声的响过……同时不谋而合地叫了出来说：

“真静啊！”

“真静啊！”

……

我们一面喝着清茶，一面只贪味着这阴森得同太古似的山中的寂静……

品茶，把饮茶过程当成一种艺术情感的载体，在饮茶过程中捕捉人的情感体验，从中得到艺术的享受和性情的陶冶。造园家们不仅把自然景观当作独立的审美对象，而且更着力于把自然山水当作情感的载体，所谓寄情山水。品茶和品园的共同点，就在于都非常注重情景交融，而情景交融，正是中国传统美学思想中光彩照人之处。

明 · 陈洪绶《停琴品茗图》

茶到随意方才妙

品茶，要讲究择茶、选水、候汤、配具，还有环境的选择或营造。这是茶人和爱茶人的一种向往和追求，但与日常生活中的喝茶毕竟是有距离的，即便去茶艺馆也未必能尽善尽美。

还有，在泡茶时要掌握好茶与水的比例，如绿茶一般是1∶50，即1克茶叶冲50毫升水，一杯茶投3克茶叶，冲150毫升水。这是审评茶叶品质的统一操作，并非是人人喝茶都要按此标准。

喝茶品茗是极个性化的事，随意才是原则。也惟有随意，才会生出闲情逸趣来。15年前袁鹰先生主编过一本《清风集》，50位作家各自回忆在种种不同遭际中饮茶的经历，阐述自己的喝茶品茗观，奇文似锦，妙语如珠，不妨摘引些许，共同享受。

我只饮用绿茶，一因它的绿，绿是茶的本色；二因它的苦，苦是茶的真味。闻一多诗云："我的粮食是一壶苦茶。"我断定他这壶苦茶必是绿茶。是绿茶沏出的一壶苦；同时又是苦茶沏出的一壶绿。这茶却是清淡的，是清淡的绿与清淡的苦的混合。一壶春茗在手，目中有绿，心中有苦，这才能进入境界，成为角色，否则终不能

清·任颐《田夫纳凉图》

算作茶的知音。

——忆明珠《茶之梦》

我的生活中赏心乐事便是晨起一壶佳茗在手，举杯品饮，神清气爽。一天的工作也常常是从品茗开始的。最好是正宗的安溪铁观音，琥珀色的茶汤入口清香甘洌，留在舌尖的茶韵散布四肢百骸，通体舒泰，此时以佳茗喻佳人愈见贴切。铁观音真是丽质天生，超凡脱俗，情意绵长，并世无双。

——何为《佳茗似佳人》

我是从中年以后，才有喝茶的习惯。现在我是每天早上沏一杯茉莉香茶，外加几朵杭菊（杭菊是降火的，我这人从小就“火”大。祖父曾说过，我吃了五颗荔枝，眼珠就红了，因此他只让我吃龙眼）。

——冰心《我家的茶事》

我这个北方佬，一路南来，落户广州，茶就饮得杂，什么都来，未能“从一而终”，够不上“忠贞之士”。一般地我是夏天饮绿茶，冬天饮乌龙，春秋间或饮点红茶。对于花茶则不感兴趣，总觉得它有点“小家碧玉”的脂粉气，香气是人工后加的，不纯不正。

——老烈《茶话》

我什么茶都能泡一壶，斟入茶盅中，喝得津津有味。看来，我是一位平庸的老人，不论穿衣、住房。故不知讲究，在喝茶方面，似乎亦如此。看来，我似乎总想在随意中，求得生活的平安，并借此减少无谓的苦恼？

——郭风《茶小纪》

所谓“萝卜青菜，各有所爱”。一个喜欢清淡的绿与清淡的苦混合的绿茶；一个爱好琥珀色茶汤、清香甘洌的乌龙茶；有独独适应茉莉花茶再加上几朵杭白菊的；也有绿茶、乌龙茶、红茶都爱，分季而饮，惟独对花茶不感兴趣的；还有从不挑剔，什么茶都饮，随遇而安的。仅就择茶而论，就该随心所欲，各求各爱。在我熟悉的许多茶学家中，还有自己拼配茶叶的。浙江大学茶学系胡建程教授，他“土造”一种三合一的绿茶：用15%左右的桂花茶（也曾用茉莉花茶，但效果不及桂花茶），拼35%左右蒸青绿茶（中档煎茶），再拼约50%的普通炒青绿茶。桂花茶有芬芳之香，蒸青绿茶是清香、清汤、清口，还有难得的青气，加上普通炒青绿茶打底，三者组合，

齐白石《煮茶图》

相互衬托，形成似兰如桂，清芬幽雅的奇特香韵。

除了茶类选择尽可随意外，冲泡方法，选配茶具，也应是因人而宜，不必强求一律。

居家吃茶，不妨并用两杯。以大杯泡叶成卤，极苦。喝时，

另以一小杯倒点茶卤，再冲兑白开水，将其稀释成使自己舌底满意的茶汤。以卤兑水稀释之茶，可使八杯十杯茶汤，保持大体同等浓度，保持个人最满意的口感。

——艾煊《茶趣种种》

我平素在家里并不品工夫茶，因为我是属于蠢物和驴饮之辈，喜欢大杯大杯地喝，不断喝那小小的一杯，太费事了。即使是极好的茶，我也把它泡在大茶壶里，冲进玻璃杯中，擎在手里，对着花丛，悠然畅饮，这也自有一番乐趣。如果是对着海上明月，或者是山间松涛，或者在西湖之滨，或者在趵突泉畔，一杯好茶在手，更觉香味隽永，“逸兴遄飞”。

——秦牧《敝乡茶事甲天下》

艾煊先生先泡成茶卤再兑开水的喝法，我在夏天也这样，好处是茶汤温热，正合口味。盛夏之时，还用矿泉水或纯净水直接冲泡安吉白茶、碧螺春。如待客，早两小时前冲好茶，客至茶味已出，正

杭州满觉陇桂花树下的露天茶室（韩志雅摄影）

好饮用，然后边谈边啜边续水。中国农科院茶叶研究所研究员沈培和，恰似秦牧先生喜欢大碗喝茶。他清早起床后首先用大碗放上茶，取昨天烧的开水来泡，这样，水温较低，大口碗散热也快，泡出的茶汁口感好，一般要喝两大碗，约1000毫升。对茶的浓度，沈培和先生也有自己的标准：夏天喝茶，茶水之比一般是1∶150；冬天约1∶100。每天总的用茶量在6克左右。已故著名茶学家张堂恒先生有清晨起床喝凉茶的习惯，每天晚上临睡前把茶泡好。他说：清晨喝凉茶等于给肠胃洗冷水澡，促进内肠运动，加速排出有害物质，茶水中丰富的内含物质又对人体有益，如多酚类、儿茶素能增强血管壁弹性等。

叶灵风先生还别出心裁吃茶淘饭。最好是新煮而又冷却了的，以不软不硬、没有大饭团的最为理想。用来淘饭的茶，用“立普敦”红茶来淘饭，固然大煞风景，可是用碧螺春、龙井来淘饭，不仅暴殄天物，甚至饭与茶皆不得其宜，也是双方都糟蹋了。以叶先生的经验，“就用普通的‘水仙’，泡得浓一点，以热茶淘冷饭，饭浅茶深，

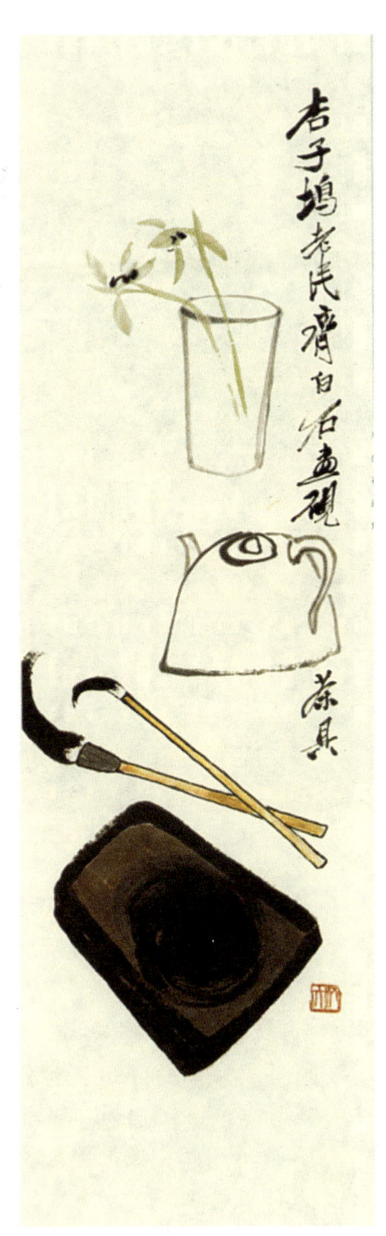

齐白石《砚与茶具图》

平日喝茶，随意为妙。（汪建伟摄影）

坐下来未吃饭之前，先痛快地喝一口茶，乐在其中矣！”

汪曾琪先生有过一段喝粥的日子：“我曾用粗茶叶煎汁，加大米熬粥，自以为这便是茶粥了。有一阵子，我每天早起喝我所发明的茶粥，自以为很好喝。”

喝茶，很多时间是一种偷闲，为了得到身心松弛和安逸，若茶叶太昂贵高档，器皿过于珍贵奢华，加上刻意而为的程序仪式，反而成为一种累赘，弄得人做筋做骨，没有了悠然自在的韵味，没有了世俗的快乐。

喝茶，尤其是日常喝茶，还是随意为妙。

朱屺瞻《品茶图》

茶书著述千年间

中国古代茶书的著述编纂，绵延千多年，卷帙丰硕，是我国古代文化典籍中的一颗璀璨明珠。

我国最早为世界创立了茶学，繁荣了茶业经济，积累了丰厚的品饮文化。古代茶书，真实地纪录了我国茶业发展的历程，以及我国茶道、茶礼、茶艺、茶俗等传统文化的形成和演化，凝聚了一代又一代茶人的经验和睿智。唐陆羽撰的《茶经》，是我国也是世界第一部茶书，自此到清末，其间中国有多少茶书？清陆廷灿在《续茶经》中开列了一份“茶事著述名目”，列茶书72种。但其中有一书误作两种的，有一书重出或三出的，共5种，其实是67种。万国鼎先生在1958年编过一本《茶书总目提要》，共列茶书98种，其中：现存书的53种，已佚失的45种。《续茶经》中开列的茶书中有21种，万国鼎先生未收入“总目”，原因是“有的不知根据何在不敢盲从；有的不是谈茶专书，不在总目收录范围”。陆、万两位是为古代茶书汇总开列了书目，并未编订出版。

汇集茶书，编订出版，前人已有做过。明喻政“复取古人谈茶十七种，合为茶书”（周之夫《茶书全集序》）。全集所收茶书实际不止17种，有27种。

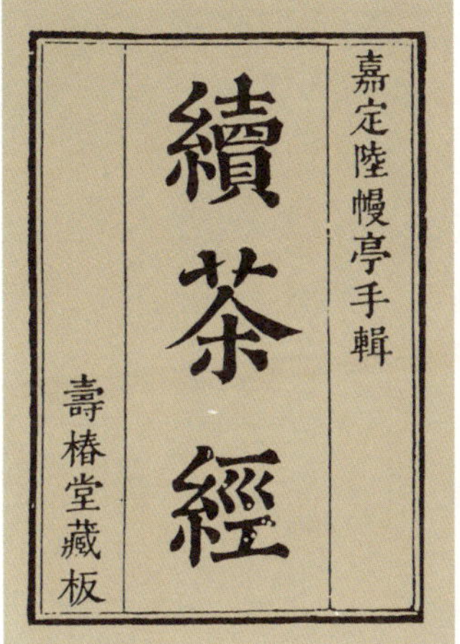

嘉定陸幔亭手輯

續茶經

壽椿堂藏板

《续茶经》书影

近人胡山源于1941年编纂《古今茶事》（世界书局出版），收入明代以前茶书22种，另辑附茶事艺文、故事。

陈祖椝、朱自振编的《中国茶叶历史资料选辑》（1981年农业出版社出版），茶书部分共收入自唐至清的著作58种，汇集了古代茶书的绝大部分，只是删节太多，有的仅存目而已。

日本学者布目潮渢编过一本《中国茶书全集》，共收唐、宋、明三代的33种茶书。另有叶清臣《述煮茶泉品》附在张又新《煎茶水记》后，余怀《茶史补》附在刘源长《茶史》后，实际收茶书35种。

此外，许多综合性丛书如《说郛》、《古今图书集成》、《百川学海》、《格致丛书》、《学津讨原》和《四库全书》也都有茶书的汇编。清刻宛委山堂本《说郛》共收茶书13种；清辑《古今图书集成》收茶书20种；《四库全书》收茶书6种，如加上《煎茶水记》后附的《述煮茶泉品》则是7种，另有存目茶书11种。

古代茶书按其内容分类，大体可分为综合的、专题的、区域的和汇编的四类。

综合类的有如陆羽《茶经》、宋徽宗赵佶《大观茶论》、朱权《茶

茶解叙

羅高君性嗜茶於茶理有縣解讀書中隱山手著一編曰茶解云書凡十目一之原其茶所自出二之品其茶色味香三之程其蓺植高低四之定其採摘時候五之摭其法製焙炒六之辨其收藏涼燥七之評其點瀹緩急八之明其水泉甘冽九之禁其酒果腥穢十之約其器皿精粗爲條凡若干而茶勛於是乎勒銘矣其論審而確也其詞簡而覈也以斯解茶非眠雲跂石

茶解敘　一

人不能領略高君自述曰山堂夜坐汲泉烹茗至水火相戰儼聽松濤傾瀉入杯雲光激灎此時幽趣未易與俗人言者其致可挹矣初予得茶經茶譜茶疏泉品等書今于茶解而合璧之讀者口津津而聽者風習習渴悶既涓滎衛斯暢予友聞隱鱗性通茶靈早有季疵之癖晚悟禪機正對趙州之鋒方與眾鄰茗笈持此示之隱鱗印可曰斯足以爲政于山林矣

萬曆己酉歲端陽日友人屠本畯撰

《茶解》书影

谱》、许次纾《茶疏》、罗廪《茶解》、屠本畯《茗笈》等，记述论说茶树植物形态特征、茶名汇考、茶树生态环境条件，茶的栽种、采制、烹煮技艺，以及茶具茶器、饮茶风俗、茶史茶事等。

地域类的茶书，主要是福建建安的北苑茶区和宜兴与长兴交界的罗岕茶区。前者有丁谓的《北苑茶录》、宋子安《东溪试茶录》、赵汝励《北苑别录》、熊蕃《宣和北苑贡茶录》等。后者有熊明遇的《罗岕茶记》、周高起《洞山岕茶系》、冯可宾《茶笺》、冒襄《岕茶汇钞》等。分别记述建茶和岕茶的沿革、茶产地、名茶、贡品以及茶的采、拣、蒸、榨、研、焙等工序。此外，陈鉴的《虎丘茶经注补》和程淯的《龙井访茶记》，则分别记述的是虎丘茶和龙井茶。桑庄的《续茶谱》，从现有辑佚的内容看，是记浙江天台一带所产的茶叶。

专题类的茶书，有叙述各地宜茶之水，并品评其高下的张又新《煎茶水记》、田艺衡《煮泉小品》、徐献忠《水品》等；有专讲煎茶、烹茶技艺，述说饮茶人品、茶侣、环境等的苏廙《十六汤品》、蔡襄《茶录》、陆树声《茶寮记》、徐渭《煎茶七类》等；有主要讨论茶叶采制搀杂弊病的黄儒《品茶要录》；有专门介绍咏赞碾茶、煮水、点茶用具的审安老人《茶具图赞》；有杂录茶诗、茶话和典故的陶谷《茗荈录》、陈继儒《茶话》、夏树芳《茶董》等；还有关于茶税、茶叶专卖和整饬茶叶品质的专著，如沈立《茶法易览》、沈括《本朝茶法》、程雨亭《整饬皖茶文牍》等。

汇编类的茶书，有把多种茶书合为一集的，如喻政《茶书全集》；有摘录散见于史籍、笔记、杂考、字书、类书以及诗词、散文中的茶事资料，作分类编辑的，如刘源长《茶史》、余怀《茶史补》和陆廷灿《续茶经》等。这些摘编的茶书，虽非自己的著述，但由于保存着后来已经佚失的典籍，也极具价值。如《续茶经》辑录的裴汶《茶述》、周绛《补茶经》、沈括《茶论》、桑庄《续茶谱》、罗大经《建茶论》、范逵《龙焙美成茶录》等，如今都已成为宝贵的史料。

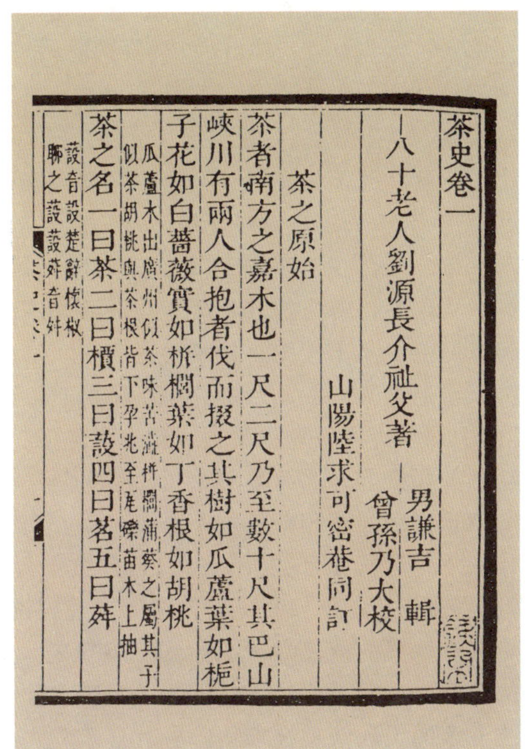
茶史卷一
八十老人劉源長介祉父著　男謙吉　輯
曾孫乃大校
山陽陸求可密菴同訂
茶之原始
茶者南方之嘉木也一尺二尺乃至數十尺其巴山峽川有兩人合抱者伐而掇之其樹如瓜蘆葉如梔子花如白薔薇實如栟櫚葉如丁香根如胡桃瓜蘆木出廣州似茶味苦澀栟櫚蒲葵之屬其子似茶胡桃與茶根皆下孕兆至瓦礫苗木上抽
茶之名一曰茶二曰檟三曰蔎四曰茗五曰荈蔎音設楚辭懷椒聊之蔎蔎荈音舛

《茶史》书影

古代茶书历史久远，时间跨度大，自唐以降，历代皆有著述。

唐代是我国茶书的源头，又以陆羽首开著述茶书之先河。他遍稽群籍，博览广采，一

部《茶经》，“言茶之源、之法、之具尤备”，引唐前茶事、茶人悉数，称之古代“茶叶百科全书”，并不为过。唐之前有晋人温峤的《上茶条例》，《茶史》及《觳山笔麈》中都有记述，但未见其全文。当然不能称作茶书，却是一份可贵的茶叶史料。

陆羽《茶经》在唐永泰元年（765）已具初稿，建中元年（780）付梓，自此至清宣统三年（1911）程淯撰《龙井访茶记》，足有1200多年。而日本的第一部茶书——荣西《吃茶养生记》，是在宋绍熙三年（1192）从中国回日本后撰写的，比《茶经》要晚400多年。欧美西方国家，则大约要到16世纪才从中国传入茶饮，葡萄牙一神父1559年到达中国，1560年左右返国，用葡文写作一本介绍茶叶的书，距《茶经》几近800年。《茶经》是世界茶学、茶文化研究之源。美国威廉·乌克斯在《茶叶全书》（1935年出版）中赞曰：“中国学者陆羽著述第一部完全关于茶叶之书籍，于是在当时中国农家及世界有关者，俱受其惠。”陆羽之后，唐代记茶述事之书不鲜，可惜许多由于年代久远而被湮没，至今仅窥其著录而不能见其书。唐及五代共有茶书13种，现存仅4种，辑佚3种，已佚6种。

宋、元两代有茶书31种，现存亦只12种，辑佚4种，已佚15种。从现存和辑佚的16种看，宋代茶书有个显著的特点，即地域类和专题类的茶书独多。除《大观茶论》和《补茶经》外，其余14种都属于这两类，这正反映了宋代茶事的实际。宋诗人梅尧臣有诗云：“陆羽旧茶经，一意重蒙顶。比来唯建溪，团片敌汤饼。”宋代建安茶区异军突起，北苑的小龙凤团茶更是声名远播，替代了唐代蜀州的蒙顶饼茶和湖州紫笋贡茶，因而建安东溪茶区和北苑茶尤其为宋代茶书作者所注目。另一方面，宋代饮茶由煎煮法发展为烹点法，盛行“斗茶”、“分茶”，其烹点方法的讲究和茶具的制作选用显得突出，于是有蔡襄的茶艺专著《茶录》，审安老人的《茶具图赞》等。此外，由于盛唐以后茶业经济的发展，中唐之际就颁布施行了茶法，但茶法专著的出现却是在宋代。沈括的《本朝茶法》，以及沈立的《茶法易览》（已佚）是我国茶业发展史上最早的茶法专著。

明代是茶书著述最多的时期。250年间出书68种，其中现存33种、辑佚6种、已佚29种。明代创新茶叶采制，开千古饮茶之宗。张源《茶录》、许次纾《茶疏》、朱权《茶谱》以及田艺蘅《煮泉小品》等，都是作者长期钻研、殚精竭虑、总结积累之作，又都“崇新改易”、“亦自有见”。明代岕茶崛起，显赫一时，因此记述岕茶的专著多，也是明代茶书的一个特征。

陈继儒像

明代茶书中值得注意的一个现象是，搜集前人资料，编辑成书的较多。如孙大绶、吴旦辑张又新《煎茶水记》、欧阳修《大明水记》及《浮槎山水记》而成《茶经水辨》；又辑陆羽《六羡歌》、卢仝《茶歌》等而成《茶经外集》；屠本畯摘录唐宋多种茶书资料编成《茗笈》；夏树芳杂录南北朝至宋金茶事而成《茶董》，陈继儒摘录类书、杂考等又编成《茶董补》；更有喻政结集前人茶书26种，合为颇具规模的《茶书全集》。

清代茶叶采制、品饮因袭前代，无多创举，茶书也少，原创性的茶书更少，大多是摘抄汇编性的。清代共有茶书17种，现存8种，已佚9种。其中程淯《龙井访茶记》，记述龙井茶的产地及采摘、炒制方法等，是古代有关龙井茶的惟一专著，程雨亭《整饬皖茶文牍》，详录清末外销出口茶叶“着色掺杂”，以及进口茶机，改进品质的一

宋徽宗赵佶

段史实，是作者从事茶业实务的第一手资料，很有时代痕记。有必要再提示一下的是陆廷灿的《续茶经》，虽是依从陆羽《茶经》原目，“采摭诸书以续之”，然“其搜采可谓勤矣，录而存之，亦是以资考订”，全书10万字，为古代茶书之最，《四库全书》亦不嫌其长，全文收录，给予较高评价。

古代为茶叶立说者，上有当朝皇帝，下有平民布衣，包括了社会诸多行业阶层。

宋徽宗赵佶，在政治上昏庸黑暗，生活上挥霍无度，外交上软弱无能，一味屈辱忍让，最后做了俘虏，惟独在文学艺术领域内却颇具才华，对茶理、茶艺也很有研究，是个品茶行家，还编著了一本《大观茶论》。御笔著茶书，空前绝后。此后王室成员续写茶书者有之，明太祖朱元璋第十七子朱权著有《茶谱》，朱权深得以茶修养之道，并倡导品饮从简行事，开清饮之风。还有明宪宗朱见深第六子朱佑槟“采辑论茶之作”，编著《茶谱》，可惜书已佚未见。

朝廷官吏著茶书者不乏其人。唐元和九年（814）甲午科状元张又新撰的《煎茶水记》，这是一千多年来惟一的一个状元著茶书的。茶书编著者中，进士及第者殊多。宋代有《北苑茶录》作者丁谓，淳化三年（992）登进士甲科，曾官福建转运使；《述煮茶泉品》作者叶清臣和《茶录》作者蔡襄，都是天圣（1023−1032）进士，分别做过福建转运使和转运副使；《本朝茶法》作者沈括，嘉祐(1056−1063）进士，曾任翰林学士，权三司使；《建安茶记》作者吕惠卿，也在嘉祐进士，官至参知政事。元代有《煮茶梦记》作者杨维桢，泰定（1324—1328）进士，曾任天台尹。明代有《茶寮记》作者陆树声，嘉靖二十年（1541）会试第一名，官至礼部尚书；编《茶事汇辑》的朱曰藩，嘉靖二十三年（1544）进士，做过九江府知府；《茶考》作者陈师，在嘉靖年间会试副榜，做过永昌知府；《茶说》作者屠隆，万历五年（1577）进士，曾任礼部主事；《蒙史》作者龙膺，万历八年（1580）进士，官至陕西参政；《茶事咏》作者蔡复一，万历二十三年（1595）进士，官至山西左参政。编《茶集》和《茶书全集》的喻政，万历二十三年（1595）进士，官至福州知府。《岕茶笺》作者冯可宾，天启二年（1622）进士。清代有编《茶史补》的余怀，康熙十八年（1679）举博学鸿儒，以疾辞，韬晦穷居。历代虽未进士而当过官的，编著茶书也很多。撰《北苑别录》的赵汝砺，做过福建路转运司的主管账司；著《水品》的徐献忠，是嘉靖四年（1525）的举人，做过奉化县令；写《罗岕茶记》的熊明遇，曾知长兴县；撰《煮泉小品》的田艺蘅，以岁贡生为徽州训导；编《茗笈》的屠本畯，官至福建盐运司同知；《整饬皖茶文牍》的作者程雨亭，曾任职皖南茶厘局。以上这些为官者中，许多曾肩负茶政，有的是产茶区的地方官，亲理过茶事。

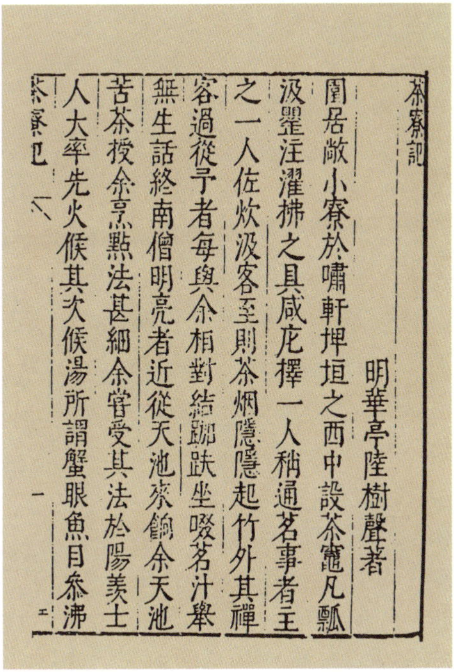
茶寮記
明華亭陸樹聲著
園居敞小寮於嘯軒埤垣之西中設茶竈凡瓢
汲罌注濯拂之具咸庀擇一人稍通茗事者主
之一人佐炊汲客至則茶烟隱隱起竹外其禪
客過從予者每與余相對結跏趺坐啜茗汁舉
無生話終南僧明亮者近從天池來餉余天池
苦茶授余烹點法甚細余嘗受其法於陽羨士
人大率先火候其次候湯所謂蟹眼魚目參沸
茶寮記　一

《茶寮记》书影

编撰茶书最多的是历代无官布衣。这是一群嗜茶爱茶，熟悉采制，精于品饮，又善文能诗的文化人。博学多才，卓而不群的陆羽，不从仕途，一生为墨客，是其中的代表。《茶谱》作者钱椿年，人称友兰翁，“好古博雅，性嗜茶，年逾大耋，犹精茶事”。为《茶谱》作序的顾元庆，又称大石山人，家有藏书万卷，称为颜氏文房，自称“余性嗜茗”，弱冠时即得“收焙烹点法”。著《茶话》的陈继儒，年甫29岁即“取儒衣冠焚弃之，隐居昆山之阳”，终生杜门不仕，有聘亦不从，善于诗画，创作丰富，名噪一时。与朱曰藩同编《茶事汇辑》的盛时泰，也是一个才气横溢、善画水墨竹石、藏书富有的书画家。田艺蘅性高旷磊落，至老愈豪，自徽州训导罢归，遂放浪西湖，优游山林，而作《煮泉小品》。张源、许次纾除著《茶录》和《茶疏》外，还创作了其他诗文，但都已失传，茶书成为他们的代表作。《茶史补》编者余怀，才情艳逸，工于诗，其《金陵怀古诗》，时人以为不减刘禹锡。作《岕茶汇炒》的冒襄，尤才高气盛，晚年结匿峰庐，以图书自娱，年80时，犹作擘窠大书，人争宝之。

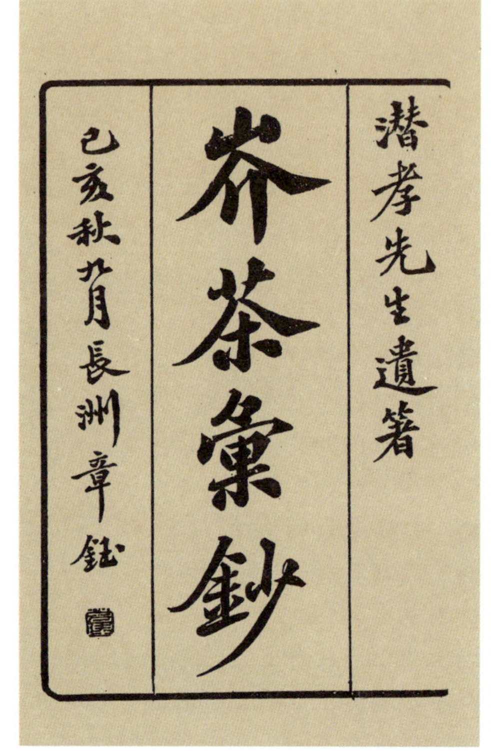
潛孝先生遺箸
岕茶彙鈔
己亥秋九月長洲章鈺

《岕茶汇抄》书影

释道两家对茶业和茶文化的贡献都很大，他们之中为茶立说的也不少。据史载，唐诗僧皎然著有《茶诀》，可惜已佚。《茶寮记》是由曾官至礼部尚书的陆树声与终南山僧明亮合著，是时，陆树声退休家居，与僧明亮同试天池茶。

综观茶书编撰者，发现有一个特殊的现象，即明代不仅茶书多，而且编撰者绝大部分是江浙一带的人。其中：钱塘（今杭州）人有田艺蘅、许次纾、陈师、胡文焕；新安（今淳安）人有程用宾、孙大绶、吴旦；宁波人有屠隆（鄞县）、罗廪（慈溪）、闻龙（四明）、屠本畯(鄞县)；华亭（今松江）人有徐献忠、陆树声、陈继儒、冯时可；苏、常、宁一带的有张谦德（昆山）、顾元庆（吴县）、钱椿年（常熟）、夏树芳（江阴）、周高起（江阴）、盛时泰（金陵）、张源（震泽）、朱曰藩（宝应）。这说明江浙一带在明代种茶饮茶普及，名茶众多，茶业经济发达，已成为茶业、茶事的重心；另一方面又标示了由于大地主和工商业的发展，在江浙一带涌现了一批不考科举而肩负地方文化的文化人。

茶文化，从广义来说，指几千年来人们在茶事实际活动中所创造的物质成果和精神财富。古代茶书所记述的，正包括了这两个层面的内容。

陆羽《茶经》全面总结记录了唐及唐以前的茶事，并分之源、之具、之造、之器、之煮、之饮、之事、之出、之略、之图十章分叙。此后历代茶书多以此为纲目，或专题或综合相继赓续。聚而观读茶书，古代种茶、采茶、饮茶的发展连贯，脉络清晰。就茶的制法来看，唐时尚饼茶，陆羽《茶经》记其有采、蒸、拍、焙、穿、封七道加工工序。宋时兴龙凤团茶，品数日增，制度日精。以小龙团取代龙凤团茶，又以密云龙加小龙团之上，瑞云翔龙又取代密云龙，而龙焙贡新出，瑞云翔龙又顾为下矣。

小龙团茶图

《北苑别录》记其制，须经采茶、拣茶、蒸茶、榨茶、研茶、造茶、过黄诸多工序而成。元代是团饼茶到炒青散茶的过渡期。明代诏令废团饼，崇尚焙炒散茶。许次纾《茶疏》说："近时制法，旋摘旋焙，香色俱全，尤蕴真味。"明时炒茶技艺已十分精到："先用文火焙软，次用武火催之，手加木指，急急抄转，以半熟为度，微俟香发，是其候矣。"到了清代，首推龙井茶制法，程淯的《龙井访茶记》录其制法："炒者坐灶旁，以手入锅，徐徐拌之。每拌以手按叶，上至锅口，转掌承之，扬掌抖之，令松，叶从五指间，纷然下锅，复按而承以上。如是展转，无瞬息停。每锅仅炒鲜叶四五两，费时三十分钟。每四两，炒干茶一两。竭终夜之力，一人看火，一人拌炒，仅能制茶七八两耳。"茶叶制法，自团而散，由蒸而炒，相继变革，茶书所记，明白了然。

茶具的流行，反映了不同时代的品饮艺术和审美情趣。陆羽在《茶经》中对当时六个产青釉瓷的名窑评定了等第："越州上，鼎州次，婺州次，岳州次，寿州、洪州次。"当时河北邢窑所产白瓷茶碗很受人喜爱，陆羽却认为"若邢瓷类银，越瓷类玉，邢不如越一也；若邢瓷类雪，则越瓷类冰，邢不如越二也；邢瓷白而茶色丹，越瓷青而茶色绿，邢不为越三也。"陆羽选择茶具，是从茶的汤色与茶碗釉色互相衬益出发，这一鉴赏茶具的观点，也为后代茶家所继承。宋代盛行斗茶。斗茶者以茶面泡沫鲜白，着盏无水痕，又能耐久为胜。为了便于观察茶汤上白沫，选用黑釉茶盏。蔡襄《茶录》说："茶色白，宜黑盏……或薄或色紫，皆不及也，其青白盏，斗试自不用。"明代流行的茶具，以"纯白为佳，兼贵于小"。宣窑所产白釉小盏最著名。明代改革茶叶制法后，采取蒸青或炒青散茶全叶冲泡，茶色翠绿依旧，茶汤青翠如鲜，所以茶盏"以雪白者为上"。纯白的茶盏，使茶叶茶汤更现原色宝光，衬益之美显然。张源《茶录》说："茶以青翠为胜，涛以蓝白为佳……玉茗冰涛，当杯绝技。"陆羽爱青瓷，蔡襄贵黑盏，张源却以盏白为上。看似喜好有别，但从发茶香，助茶色，互相衬益而言，则又是共同的。

茶书著述，常有互相续补的，使其更臻完善。蔡襄有感于“陆羽《茶经》不第建安之品，丁谓茶图，独论采造之本，至于烹试，曾未有闻”，遂补撰《茶录》。蔡襄提出茶需色、香、味俱佳。“饼茶多以珍膏油其面”，于色不利；“入贡者，微以龙脑和膏”，夺其真香；茶无好水，“水泉不甘，能损茶味”。《茶录》从求茶的本色、真香、原味出发，对烹点品饮过程中的炙茶、碾茶、罗茶、候汤、盏、点茶，以及各项程序中所需茶具，都作了阐述，

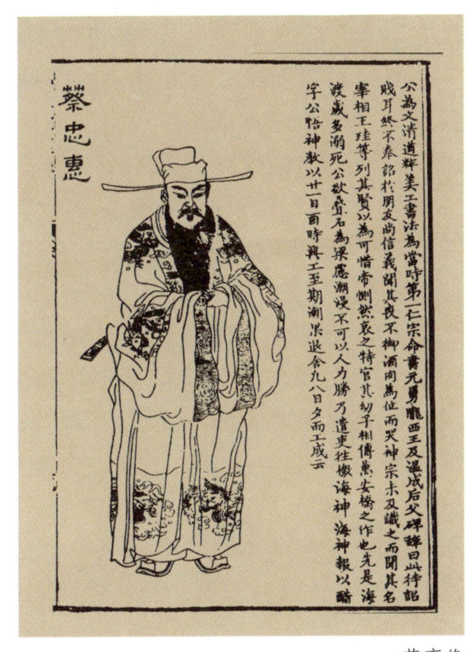

蔡襄像

标志了宋代饮茶提升到了更为艺术化的程度。刘异的《北苑拾遗》（原书已佚），据《郡斋读书志》说：“其书言涤磨调品之器甚备，以补丁谓之遗也。”其书原附于丁谓《茶录》之末。宋大中祥符（1008-1016）初知建州的周绛，“以陆羽《茶经》不载建安”，“丁谓以为茶佳不假水之助”，而撰《补茶经》，补述建安茶事，并载诸名水，与丁谓之论相左。宋子安又因丁、蔡述建安茶事尚有未尽，又撰《东溪试茶录》。熊蕃撰《宣和北苑贡茶录》后，其子熊克摄事北苑，因其父书中只列各种贡茶名而无形制，乃绘38图附入，又把他父亲所作采茶歌10首，也附于篇末。赵汝砺在任职福建路运司时，为补熊蕃《宣和北苑贡茶录》，又补作《北苑别录》。如此相继补续，使北苑茶事的方方面面，记述齐备。

古代茶书，阐述了中国茶文化的精神，使中华茶文化这宗宝贵财富得到继承和弘扬。陆羽《茶经》多处讲述饮茶的功效：“荡昏寐

饮之以茶”（“六之饮”），“若热渴、凝闷、脑疼、目涩、四支烦、百节不舒，聊四五啜，与醍醐、甘露抗衡也”（“一之源”）。但他决不仅仅把茶当作健身益思的饮品，他同时认为在茶的品饮过程中，可以得到身心的愉悦和美的享受。他在“五之煮”中说，煮茶“其第一者为隽永”，又云：“至美者，曰隽永。隽，味也。永，长也。”他在描述煮茶中沫饽变化时，恍若在观赏景色：“华之薄者曰沫，厚者曰饽。细轻者曰花，如枣花漂漂然于环池之上，又如回潭曲渚青萍之始生，又如晴天爽朗有浮云鳞然。其沫者，若绿钱浮于水渭，又如菊英堕于樽俎之中。”陆羽主张茶艺要美，技术要精。饮茶者在这“精”、“美”之中，陶冶情性，升华品德。他率先提出了饮茶者的道德修养：“茶之为用，味至寒，为饮，最宜精行俭德之人。”（“一之源”）倡导以茶养廉，以茶励志。裴汶在《茶述》中又提出茶的“致和”精神：“其性精清，其味淡洁，其用涤烦，其功致和，参百品而不混，越众饮而独高。”唐代诗人对以茶修养身性，颇多感悟。卢全《走笔谢孟谏议寄新茶》，畅言饮茶七碗的不同感受：先是“润喉”、“破孤闷”，益身解忧愁；继而是“搜枯肠”，益思助写作；再是“发轻汗”、“肌骨清”、“通仙灵”，清心除俗，净化心灵；及至“清风生”，超然物外，达到最高境界。陆龟蒙《煮茶》有“倾余精爽健，忽似氛埃灭”句；钱起《与赵莒茶宴》有“尘心洗尽兴难尽”句；温庭筠《西陵道士茶歌》也有“疏香皓齿有余味，更觉鹤心通杳冥”之句。

宋代随着茶业的发展和饮茶艺术化的更高推进，对茶文化精神有新的阐发。宋徽宗赵佶《大观茶论》云：“至若茶之为物，擅瓯闽之秀气，钟山川之灵禀，祛襟涤滞，致清导和，则非庸人孺子可得而知矣；冲淡闲洁，韵高致静，则非遑遽之时可得而好尚矣。”祛襟涤滞，是茶的健身益思之效；致清导和，则是茶的精神净化之功。苏轼采用拟人手法，为茶作一小传——《叶嘉传》，颂扬茶的品德，“臣邑人叶嘉，风味恬淡，清白可爱”，“其志尤淡泊也，尝散其资，拯乡闾之困，人皆德之”。品茶是一种精神享受，是一种人格的自

許然明茶疏

明錢唐許次紓然明著

產茶

天下名山必產靈草江南地煖故獨宜茶大江以北則稱六安然六安乃其郡名其實產霍山縣之大蜀山也茶生最多名品亦振河南山陜人皆用之南方謂其能消垢膩去積滯亦共寶愛顧彼山中不善製造就於食鐺大薪炒焙未及出釜業已焦枯詎堪用哉兼以竹造巨笱乘

茶疏　二

熱便貯雖有綠枝紫笱輒就萎黃僅供下食奚堪品鬬江南之茶唐人首稱陽羨宋人最重建州于今貢茶兩地獨多陽羨僅有其名建茶亦非最上惟有武夷雨前最勝近日所尚者為長興之羅岕疑即古人顧渚紫笋也介於山中謂之岕羅氏隱焉故名羅然岕故有數處今惟洞山最佳姚伯道云明月之峽厥有佳茗是名上乘要之採之以時製之盡法無不佳者其韻致清遠滋味甘香清肺除煩足稱仙品此自一種

《茶疏》书影

我完善。

饮茶到了明清，返璞归真，“简便异常，天趣悉备，可谓尽茶之真味矣”。“天人合一”，即人与自然的契合，为茶人所追寻。朱权在《茶谱》序言中有云：“予尝举白眼而望青天，汲清泉而烹活火，自谓与天语以扩心志之大，符水火以副内炼之功，得非游心于茶灶，又将有裨于修养之道矣，其惟清哉。”又云：“茶之为物，可以助诗兴而云山顿色，可以伏睡魔而天地忘形，可陪清谈而万象惊寒。茶之功大矣。”《茶寮记》作者陆树声认为，茶中三昧，“非眠云跂石人，未易领略”。更有《茶书全集》作者喻政，“不甚嗜茶，而淡远清真，雅合茶理”。许次纾在《茶疏·论客》一节中强调“惟素心同调，彼此畅适，清言雄辩，脱略形骸，始可呼童篝火，酌水点汤”。其实，茶人相聚，并不在意于嗜茶与不嗜茶，而在意于是否合乎“茶理”。所谓“雅合茶理”，就是追求和谐。天与人、人与

清 · 任薰《竹林煮茶图》

人、人与境、茶与水、茶与具、水与火，以及情与理，这相互之间的谐调融和，是茶饮的精义所在。

陆羽的“精行俭德”，赵佶的“致清导和”，喻政的“淡远清真”，其实是一脉相承的，即是中国茶文化的精神。

总结记录当代和前人有关日用生活实践经验，广学识，资利用，在我国有着悠久的历史。在《隋书 · 经籍志》中已有了《竹谱》、《钱谱》，人们已开始尝试用“谱”这种形式来总结生活事物，以“世类相继”。唐宋两代此类册籍迭出，南宋尤袤《遂初堂书目》首创“谱录”一门，作为物谱的总称。《四库全书》沿用其例，收录记载饮食、器物、草木鸟兽虫鱼等事物的册籍，在“子部”下单列一“谱录类”，历代茶书收录其中。与其他谱录类的册籍一样，实用性是茶书最鲜明的特点。茶树繁殖、茶树修剪、茶园管理、茶叶采摘、制茶技艺、采制用具、茶类特征、品质鉴别、烹茶用水、茶汤调制、烹饮用具、品评欣赏、民俗风情等，这些实用经验，总是历代茶书最基本的内容。

古代的经验，有许多至今仍有实用价值或借鉴意义。张源《茶录》卷末云："茶道：造时精，藏时燥，泡时洁。精、燥、洁，茶道尽矣。"古代茶书关于"泡茶之道"，今人尤其值得一读。时下城市茶艺馆林立，古人泡茶的技艺，仍大有可研习之处。张源在书中专列"泡法"一节，他说："探汤纯熟，便取起，先注少许壶中，祛荡冷气，倾出，然后投茶……两壶后，又用冷水荡涤，使壶凉洁，不则减茶香矣。罐熟则茶神不健，壶清则水性常灵。"他所说的"泡时洁"，远非洗去污垢之类，而是要保持壶的"凉洁"。许次纾《茶疏》也云："汤铫瓯注，最宜燥洁，每日晨兴，必以沸汤荡涤，用极熟黄麻巾帨，内向拭干，以竹编架，覆而庋之燥处。烹时随意取用。修事既毕……瓯中残沈，必倾去之，以俟再斟，如或存之，夺香败味。"

冲泡茶汤，要掌握好时机。"稍俟茶水冲和，然后分酾布饮，酾不宜早，饮不宜迟，早则茶神未发，迟则妙馥先消。"（张源《茶录》）"茶中香味，不先不后，只有一时，太早则味不足，太迟则已过。的见得恰好一泻而尽，化而裁之，存乎其人。"（冯可宾《岕茶笺》）

茶食的选择大有讲究。"茶有真香，有佳味，有正色，烹点之际，不宜以珍果香草杂之。夺其香者，松子、柑橙、杏仁、莲心、木香、梅花、茉莉、蔷薇、木樨之类是也。夺其味者，牛乳、番桃、荔枝、圆眼、水梨、枇杷之类是也。夺其色者，柿饼、胶枣、火桃、杨梅、橙橘之类者是也。凡饮佳茶，去果方觉清绝，杂之则无辨矣。若必曰所宜，核桃、榛子、瓜仁、枣仁、菱米、榄仁、栗子、鸡头、银杏、山药、笋干、芝麻、莒蒿、莴苣、芹菜之类精制，或可用也。"（钱椿年《茶谱》）"茶中着料，盏中投果，譬如玉貌加脂，蛾眉施黛，翻为本色累也。"（程用宾《茶录》）

古代茶书积累了来自生活实践的方法和经验，细大不捐，指掌可求，是一部茶叶的百科全书和实用工具书。古代茶书，文笔疏淡清白，不乏范文佳作，更有作者手书墨迹，堪为艺术精品。茶书作

者嗜茶、爱茶，是因为茶的特性适应作者性格中“淡泊”、“宁静”的一面，以茶寄托自己的情趣。记事叙情，朴实流畅，多是疏瀹心灵，搜剔慧心之作。陆羽在《茶经·五之煮》中，对“沫饽”的描绘，诚如《荈赋》所谓“焕如积雪，煜若春藪”。

宋子安《东溪试茶录》卷首，对北苑地势地貌的介绍，充满画意诗情，引人入胜：“堤首七闽，山川特异。峻极回环，势绝如瓯。其阳多银铜，其阴孕铅铁。厥土赤坟，厥植惟茶。会建而上，群峰益秀，迎抱相向，草木丛条，水多黄金。茶生其间，气味殊美，岂

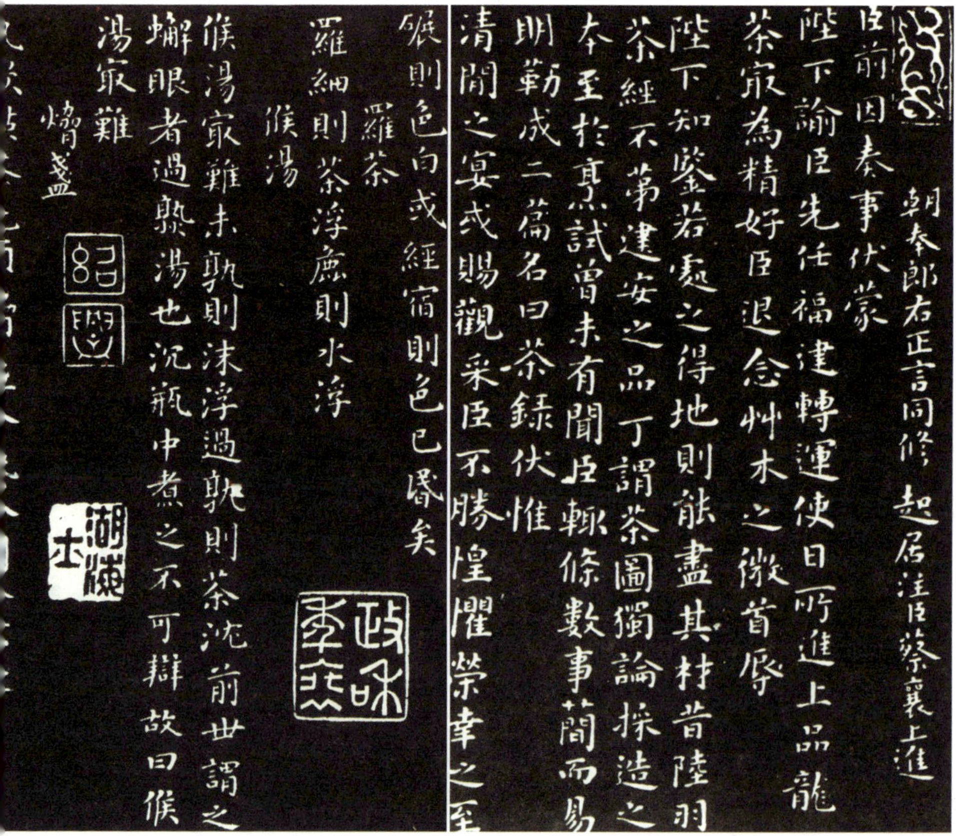

蔡襄所书《茶录》(局部)

明 · 仇英《煮茶论画图》

非山川重复，土地秀粹之气钟于是，而物得以宜欤。”

赵观《煮泉小品序》开头即叙田艺蘅其人，一个钟情泉茶，超然物外之士，引领相见：“田子艺，夙厌尘嚣，历览名胜。窃慕司马子长之为人，穷搜遐讨。固尝饮泉觉爽，啜茶忘喧，谓非膏粱纨绮可语。爰著《煮泉小品》，与漱流枕石者商焉。”

“吴楚山谷间，气清地灵，草木颖挺，多孕茶荈，为人采拾。大率右于武夷者为白乳，甲于吴兴者为紫笋，产禹穴者以天章显，茂钱塘者以径山稀。至于续庐之岩，云衡之麓，鸦山著于吴歙，蒙顶传于岷蜀，角立差胜，毛举实繁。”叶清臣在《述煮茶泉品》中，对浙闽川湘等地的名茶，款款道来，如数家珍，令人发出恨不能与之同饮共品之情。

“吾闻茶不问团铸，要之贵新；水不问江井，要之贵活。千里致水，真伪固不可知，就令识真，已非活水。”唐庚在《斗茶记》中这段对茶与水的论述，理足气完，语言简洁，得品茶之真髓。

蔡襄《茶录》、徐渭《煎茶七类》，作者亲笔以小楷和行书抄录，均是稀世墨宝。《煎茶七类》是徐渭晚年之作，犹精神饱满，笔力雄

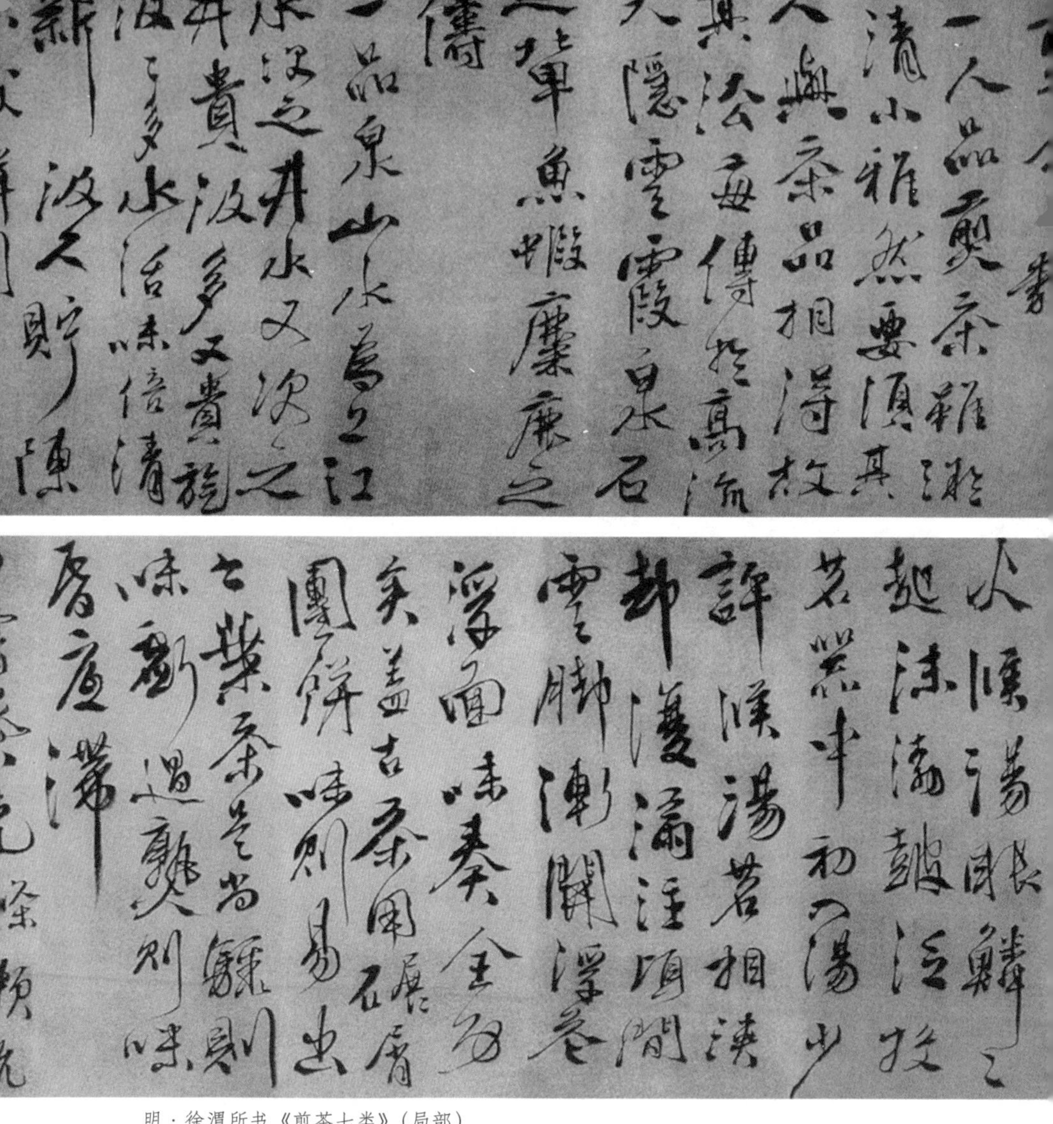

明·徐渭所书《煎茶七类》（局部）

健。读茶书，又欣赏其书法艺术，摩挲玩味，心目俱开。

古代茶书，是中华先民创造的一宗财富，是中华传统文化的一座宝藏。同时，我们也应该注意到，古代茶书，它的作者和那个时代毕竟早已成了历史，同对待所有的历史文化遗产一样，对传统的茶文化，应删革其不合时宜的部分，保存其优良不坠的传统。

诗清都为茶饮多

茶与诗是结下了不解之缘的。我国是诗的国度，又是世界茶叶的故乡，在这样的国度里，茶与诗的结缘是再自然不过了。古往今来，有多少骚人墨客、志士仁人把茶作为自己吟咏的题材，留下了大量的诗词歌赋，这是我国诗歌艺术翰海中一宗彪炳千古的宝贵文学遗产。

咏茶诗源远流长。最早在诗歌中表现茶的，可以追溯到2700年前的《诗经》。在《诗经》产生的时代还没有"茶"字。"茶之始，其字为荼"，"茶"字是到了中唐才有的。清代训诂学家郝懿行在《尔雅义疏》中说："今茶字古作荼……至唐朝陆羽著《茶经》始减一画作茶。"《诗经》305篇中，写到"荼"的有7首。如《豳风·七月》："七月食瓜，八月断壶；九月叔苴，采荼薪樗。"《邶风·谷风》："谁谓荼苦，其甘如荠"。《大雅·緜》："周原朊朊，堇荼如饴。"由于"荼"一字多义，有人说这7处的"荼"都不是茶；有人则认为虽不全都是茶，但也不是全然非茶。宋《野客丛书》说："世谓古之荼即今之茶，不知荼有数种，惟荼槚之荼，即今之茶也。"苏轼作过一首《问大冶长老乞桃花茶栽东坡》诗，开头两句："周诗记苦荼，茗饮出近世。"苏东坡认为《诗经》中的"荼"与茶还是有关联的。

陆羽在《茶经·七之事》中摘录了唐以前有

宋·马和之《豳风图》(局部)

关茶的古诗四首。一是左思的《娇女诗》，这首诗写到两个小女儿在玩得口渴想喝茶时，有“心为荼荈剧，吹嘘对鼎鬲”两句；二是张载的《登成都楼》，全诗借写程卓巨富以颂蜀中天府，其中有“芳荼冠六清，溢味播九区”两句；三是孙楚的《出歌》，又称《孙楚歌》，是一首介绍物品产地的歌，歌中有句：“姜、桂、荼、荈出四蜀”；四是王微的《杂诗》：“寂寂掩高阁，寥寥空广厦。待君竟不归，收领今就槚。”诗人说，他等候友君不归，屋宇显得格外的空落，只好收起待客的物品，宽松衣衫，独自饮茶（槚）消闲了。

《诗经》及左思、张载、孙楚、王微的诗，其实都只是在诗歌中咏唱到了茶，还不是专题的咏茶诗。咏茶诗最早出现在唐代。李白的那首《答族侄僧中孚赠玉泉仙人掌茶》，按诗作的年代排列该是最早的一首咏茶诗。自此以后，咏茶诗词渐多，以至车载斗量，蔚为大观。唐代诗人中作有咏茶诗或在诗中吟咏到茶的有70多位。白居易、释皎然、陆龟蒙、皮日休、杜甫、皇甫冉、皇甫曾、杜牧都有咏茶名作存世。宋代诗人与茶有缘的不少于唐，陆游《剑南诗稿》中写到茶的有200多首，以茶入诗之多，为历代诗人之冠。苏轼吟咏到茶的诗词有60多首。咏茶，成为中国历代诗人词家创作的好题材。

这些诗词中，有记载茶业史实的："赋咏谁最先，厥传惟杜育。唐人未知好，论著始于陆。"（苏轼）"昔闻神农辨茶味，功调五脏能益思。此人重酪不重茶，遂令齿颊饶膻气。江东顾渚夙擅名，会稽灵荈称日铸。松萝晚岁出吾乡，几与虎丘争市利……"（汪道会）

有赞美名茶甘泉的："山实东吴秀，茶称瑞草魁"（杜

陆游像

苏轼像

明刻本《唐诗画谱·闲夜酒醒》，此图绘皮日休诗意

牧)，“色是春光染，香惊日气侵”(姚合)，“水甘茶串香”(王安石)。

有阐述种茶、制茶技艺的：“茗地曲隈回，野行多缭绕。向阳就中密，北涧差还少。”(陆龟蒙)“南山茶事动，灶起岩根旁。水煮石发气，薪然杉脂香。”(皮日休)

有记叙烹煮方法的：“粉细越笋芽，野煮寒溪滨。恐乖灵草性，觞事皆手亲。敲山取鲜火，撇泉避腥鳞。荧荧爨风铛，拾得堕巢新……”(刘言史)“活水还须活火烹，自临钓石取深清。大瓢贮月归春瓮，小勺分江入夜瓶。雪乳已翻煎处脚，松风忽作泻时声。”(苏轼)

有诉说茶农凄苦生活的：“种茶辛苦甚种田，耘锄采摘与烘焙。谷雨届期处处忙，两旬昼夜眠餐废。”(释超全)“布裙红出俭梳妆，茶事将登蚕事忙。玉腕熏炉香茗冽，可怜不是采茶娘。”(张日熙)

更多的是咏茶以见情趣的。“夜扫寒英煮绿尘，松风入鼎更清新。月团影落银河水，雪脚香融玉树春。”寒夜赏雪烹茗，雅趣何如？杜甫更是写出合家品茗的闲适情趣：“昼引老妻乘小艇，晴看稚子浴清江，茗饮蔗浆携所有，瓷罂无谢玉为缸。”黄庭坚动情地把茶当作万里归来的“故人”，灯下与之相对成影，“味浓香永，醉乡路，成佳境。恰如灯下故人，万里归来对影。口不能自言，心下快活自省”。

还有咏茶以抒胸怀的。民族英雄文天祥戎马沙场，为国建勋，但

陆俨少《山水人物册页》

也希望壮志了却之后，退隐品茶读《茶经》，神会茶仙陆羽。显示男儿刚柔相济的品格。诗云："扬子江心第一泉，南金来北铸文渊。男儿斩却楼兰首，闲品茶经拜羽仙。"

茶与诗的结缘，还有一个深层的原由："诗清都为饮茶多"。徐玑此句，道出了古今许多诗人的共同感受。宋王十朋说："搜我枯肠欠诗卷，饮君清德赖诗情。"诗人多嗜茶，原是因为茶能促诗情。清女词人吴苹香则说茶本来就是"诗料"："临水卷书帷，隔竹支茶灶。幽绿一壶寒，添入诗人料。"清代著名学者、诗人阮元说："寄语当年汤玉茗，我来也愿种茶田。"更有当今诗人唐弢，醉情于西湖山水和龙井茶香，喟然叹曰："如此湖山归得去，诗人不作作茶农。"茶，竟然令诗人们如此倾倒。

诗因茶而清，茶有诗而雅。诗与茶，是不可分开的。

以茶代酒亦風流

借问杨子舍，想见长卿庐。
程卓累千金，骄侈拟五侯。
门有连骑客，翠带腰吴钩。
鼎食随时进，百和妙且殊。
披林采秋橘，临江钓春鱼。
墨子过龙醢，果馔逾蟹蝑。
芳茶冠六清，溢味播九区。
人生苟安乐，兹土聊可娱。

这是陆羽《茶经·七之事》中摘录的张载《登成都楼》诗。张载，字孟阳，西晋时的黄门官，诗人。作者登上成都楼，怀念家乡成都的汉代文学家扬雄、司马相如，遥想当年豪门巨富程郑、卓王孙（卓文君之父）的生活享受：鼎食随进，百味调和，精妙无双；秋天林中采柑橘，春日临江钓肥鱼；鱼肉分外肥嫩，果品胜过佳肴……诗人在感叹成都这个可供人们尽情享乐的地方时，特别提到了茶，说这“芳茶”胜过“六清”，其味播向全国。

这里先要分辨一下“六清”与“六情”。《茶经》的四库全书本、古今图书集成本、西塔寺本、涵芬楼说郛本、百川学海及《全晋诗》引皆为“六情”，只北堂书抄引为“六清”。“六清”即《周礼·天官·膳夫》中所说的水、浆、醴、醇、医、酏六种饮料，“六情”是指人的喜、怒、哀、乐、爱、恶六种感情。从本句句意理解，尽管多数版本为“六情”，看来有时“真理还在少数人手里”，“六清”是对的。

“芳茶冠六清，溢味播九区”，时在西晋，张载这登楼一呼，非同小可，有力地带动了饮茶习俗的推广。被张载视为在茶之下的“六清”，其中除水之外都是含酒的饮料。传说茶的发现和利用在神农时代，要早于谷物酿酒，但中国人饮茶的习惯显然晚于喝酒。喝酒的负面影响极大。早在夏代，末代子孙夏桀因“酒浊”而“杀庖人”，他的荒淫暴虐导致亡国。殷纣王以肉为林，以糟为山，以酒为池，划船在酒池里豪饮，饮到烂醉时，便举行男女三千人的裸体舞会，终于弄得国破人亡。所以“周革殷命”以后，周公便发布禁酒令。后来《汉律》也规定“三人以上，无故群饮酒，罚金四两”。曹操也曾下令禁酒，还因此而杀了反对禁酒的孔融。其实曹操也是喝酒的，不然那来“何以解忧，惟有杜康”的吟唱。张载所处时代称道的是“魏晋风流”，被时人号为“竹林七贤”的阮籍、嵇康、刘伶等，最容易让人联想起来的恐

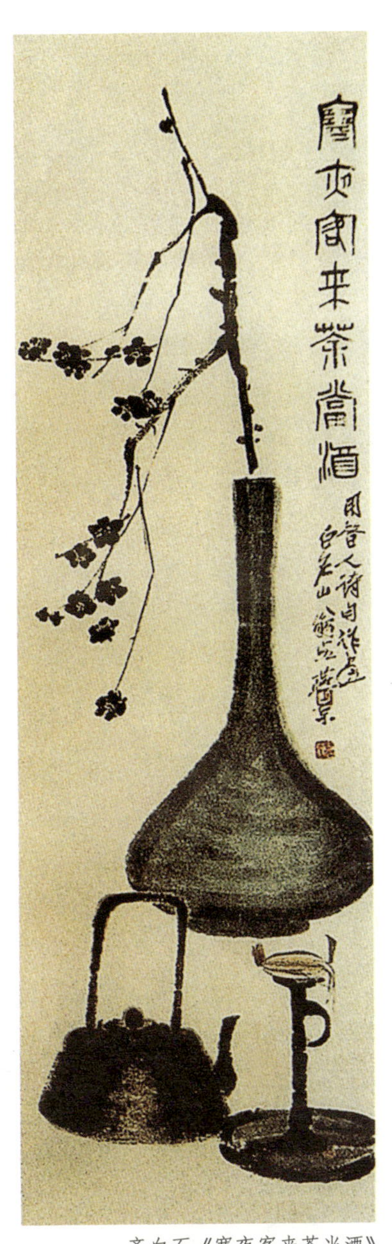

齐白石《寒夜客来茶当酒》

怕就是放诞、酗酒了。他们“越名教而任自然”，“非汤武而薄周孔”，以酒醉六十日逃避与司马氏联姻，纵酒放达，脱衣裸形等等。

不过，在三国两晋时，饮茶已同时在上流社会提倡而逐渐成为高雅习俗。《三国志》有载，吴国末代君主孙皓极嗜好饮酒，每次设宴，座客至少饮酒七升，“虽不尽入口，皆浇灌取尽”。朝臣韦曜，博学多闻，深为孙皓所器重。韦曜参加孙皓的宴会，因不善饮酒，孙皓特别优礼相待，“密赐茶荈以代酒”。此事见《吴志·韦曜传》，是史籍中最早关于“以茶代酒”的一则记载。晋初时，士大夫中还不习惯饮茶。明人王穉登有《题唐伯虎烹茶图为喻正之太守三首》，其三云：“伏龙十里尽香风，正近吾家别墅东。他日千旄能见访，休将水厄笑王濛。”

椒茱萸
方言蜀西南人謂茶曰蔎
吴志韋曜傳孫皓每饗宴坐席無不率以七升為限雖不盡入口皆澆灌取盡曜飲酒不過二升皓初禮異密賜茶荈以代酒
晉中興書陸納為吴興太守時衛將軍謝安常欲詣納晉書云納為吏部尚書納兄子俶怪納無所備不敢問之乃私蓄十數人饌安既至所設惟茶果而已俶遂陳盛饌珍羞
茶經　六一

《茶经》中关于“密赐茶荈以代酒”的记述

王濛是晋代人，官至司徒长史。据《太平御览》引《世说新语》：“王濛好饮茶，人至辄命饮之，士大夫皆患之，每欲往候，必云：‘今日有水厄。’”魏晋时期，茶饮渐行，其初士大夫中多还不习惯饮，故把饮茶视为“水厄”。此后，人们也戏称茶饮为“水厄”。王濛及张载、左思等一批文人，倡导饮茶，以茶代酒。尤其是“芳茶冠六清”这有力一呼，在某种程度上也影响了魏晋风流的标向。

欢歌娇女煮香茗

由于“洛阳纸贵”这个典故，人们对左思和他的名篇《三都赋》是熟知的。还有他的《咏史诗》、《招隐诗》和《杂诗》，也比较熟悉。惟有他的一首《娇女诗》鲜为人知。

据萧涤非先生考据，在我国诗歌史上以儿童为题材，又是写小女儿的，以左思的《娇女诗》为早，“从此以后，诗人们写小女儿的诗篇或诗句才逐渐多起来了”。中国封建社会男尊女卑，左思之可敬，正在于他敢于冲击那贵男贱女的传统观念，率先大胆地唱出了自己心爱小女儿们的欢歌。

《娇女诗》全诗比较长，共分三段，第一段十六句，写小娇女纨素，第二段也是十六句，写大娇女蕙芳，第三段二十四句则是合写大小娇女。陆羽对这首诗颇感兴趣，特别是诗中姐妹俩口渴煮茶的天真稚态，把它当作一则茶事史料收录于《茶经·七之事》中。他选摘的是第一段的前四句，第二段的前两句和第三段的六句，共十二句：

吾家有娇女，皎皎颇白皙。
小字为纨素，口齿自清历。
有姊字蕙芳，眉目粲如画。
驰骛翔园林，果下皆生摘。

明·陈洪绶《闲话宫事图》（局部）

贪华风雨中，
倏忽数百适。
心为茶荈剧，
吹嘘对鼎䥶。

欽定四庫全書　卷下

左思嬌女詩吾家有嬌女皎皎頗白晳小字為紈素口齒自清歷有姊字惠芳眉目粲如畫馳騖翔園林果下皆生摘貪華風雨中倏忽數百適心為茶荈劇吹嘘對鼎䥶

張孟陽登成都樓詩云借問揚子舍想見長卿廬程卓累千金驕侈擬五侯門有連騎客翠帶腰吴鈎鼎食隨時進百和妙且殊披林採秋橘臨江釣春魚黑子過龍醢果饌踰蟹蝑芳茶冠六情溢味播九區人生苟安樂

《茶经》“七之事”选摘《娇女诗》中的前四句

诗的前四句，给小女儿作了一幅肖像画，纨素肌肤白皙，口齿伶俐，活泼可爱；五六两句略写大女儿外貌之美，蕙芳和妹妹同样漂亮，加之年龄大些，有一定修饰能力，在眉目上淡扫轻描，姿容更美。后六句写姐妹俩的共同活动。她们一年四季在园子里玩，任意攀折花木，生摘果实，有时贪迷花枝，竟不觉风和雨，来回奔跑，眨眼间可有百十趟；她们玩得口渴想喝茶时，便乖乖地匐于茶炊前，鼓腮吹嘘，一副“猴样”。娇女的天真活泼情态活现于诗人笔端。陆羽节录的这首《娇女诗》，恰似一幅清新可爱的《娇女煮茶图》。

这首诗在茶文化史上的意义是，早在1700多年前左思生活的时代，饮茶在士大夫中间已经很普遍，连儿童也已成习惯爱好。

李白诗咏仙人掌

李白是盛唐诗人中最先吟咏茶诗的。与他同时代的诗人王维、王昌龄、孟浩然、杜甫，也都有以茶入诗之作，如王维有句“长安客舍热如煮，无过茗糜难御暑”（《赠吴官》），讲的是以喝茶消暑；孟浩然则是以茶代酒：“空堂坐相忆，酌茗聊代醉”；杜甫有名句：“落日平台上，春风啜茗时”（《重游何氏五首》）；王昌龄在洛阳天宫寺参加茶集后留下了“削去府县理，豁然神机空”、“各有四方事，白云处处通”的感叹。但这些都只是在诗作中吟咏到茶，还不是专题的咏茶诗。唐代最早的咏茶诗当是李白的《答族侄僧中孚赠玉泉仙人掌茶》。

唐肃宗上元元年（760），李白的族侄中孚禅师云游江南，在金陵（今江苏南京）遇李白，以仙人掌茶相赠。李白品尝后觉得此茶“清香滑熟，异于他者”，赞叹不已，吟诗以示答谢。诗云：

常闻玉泉山，山洞多乳窟。
仙鼠如白鸦，倒悬清溪月。
茗生此中石，玉泉流不歇。
根柯洒芳津，采服润肌骨。
丛老卷绿叶，枝枝相连接。
曝成仙人掌，似拍洪崖肩。

举世未见之，其名定谁传。

这仙人掌茶产于湖北当阳县西南的玉泉山。山因有玉泉而得名，茶树长于泉边山石中，有山泉乳水滋润，枝叶如碧玉，曝晒制成的茶，拳然重叠，其状如手，故号仙人掌茶。据李白在诗前的序言中说：“玉泉真公，常采而饮之，年八十余，颜色如桃李……所以能还童、振枯，扶人寿也。”这似乎有些玄夸，但至少反映了当时人们对喝茶能增强人体健康的药用功能，已确信无疑。

这首诗和序都写得清新洗练，洒脱俊逸，中间穿插神话传说，实中见虚，颇有浪漫色彩。同时，这首诗还具有史料价值。唐代制茶以蒸青法为主，陆羽在《茶经·三之造》中对蒸青饼茶的制法有记述：“晴采之，蒸之，捣之，拍之，焙之，穿之，封之。茶之干矣。”而李白诗中的“曝成仙人掌”，显然是一种晒青制法。仙人掌茶是晒青散茶。联想到刘禹锡的《西山兰若试茶歌》中的“仙僧后檐茶数丛，春来映竹抽新茸。宛然为客振衣起，自傍芳丛摘鹰嘴。斯须炒成满室香，便酌沏下金沙水”。说明唐代不只有蒸青茶，还有晒青茶、炒青茶。

宋·梁楷《太白行吟图》

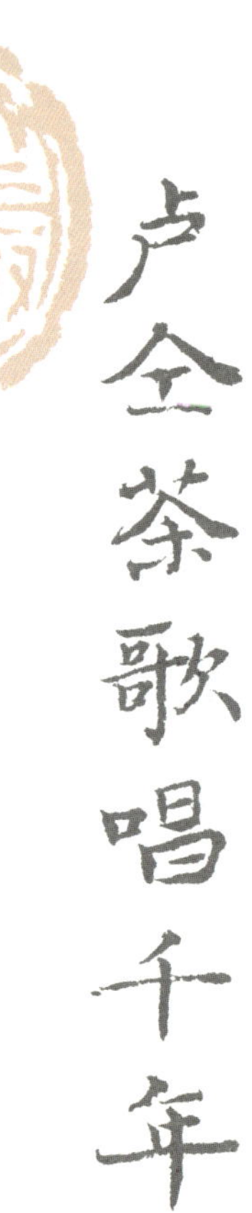

卢仝茶歌唱千年

在吟茶诗作中，传唱最长、最广的，莫过于卢仝的《走笔谢孟谏议寄新茶》了。他的这一曲茶歌，自唐以来，经宋、元、明、清各代，一直传唱不衰，至今诗人们在吟咏到茶时，仍屡屡提及。

卢仝（约795—835），唐诗人，自号玉川子，范阳（今河北涿县）人。年轻时隐居少山室，家境贫困，惟图书满架，刻苦攻读，不愿进仕。元和初间，曾作《月蚀诗》，讥刺当时宦官专权。“甘露之变”时偶与诸客会食宰相王涯馆中，晚留宿，被误捕，与王同时遇害，死时年仅40岁。卢仝平生好茶，尤精于品饮。有一次，他收到孟谏议派军将送来三百片团茶，诗人在品尝感奋

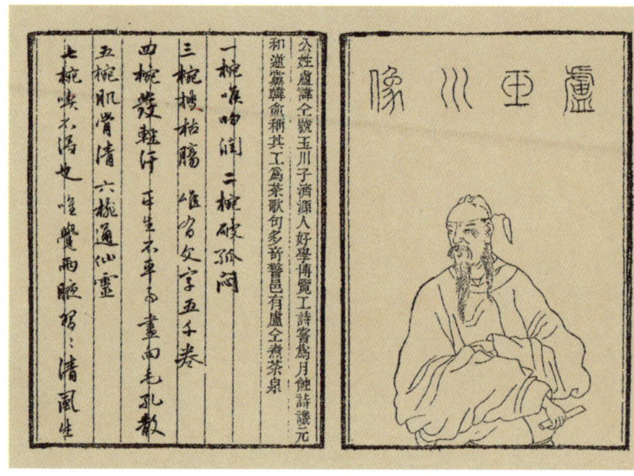

卢仝小像

明·陈洪绶《玉川子小像》

明・丁云鹏《玉川烹茶图》

之际，走笔写下了这首答谢诗。诗开头叙述送茶的经过和茶的名贵难得，说只有“至尊”和王公们，才能饮到这些“至精至好”的新茶。在说到自己饮了这“碧云引风吹不断，白花浮光凝碗面”的茶后的感受时，诗人击节唱道：

一碗喉吻润，两碗破孤闷；
三碗搜枯肠，唯有文字五千卷；
四碗发轻汗，平生不平事，尽向毛孔散；
五碗肌肤清，六碗通仙灵；
七碗吃不得也，唯觉两腋习习清风生。

茶饮至第七碗时，两腋生风，快羽化而登仙了，极言饮茶的神功奇效。

卢仝这首茶诗一出，后人竞相引用传唱。宋梅尧臣把卢仝的这首诗与李白的《玉泉仙人掌茶诗》相比说：“莫夸李白仙人掌，且作卢仝走笔章。亦欲清风生两腋，从教吹去月轮旁。”苏轼有诗曰：“何须魏帝一丸药，且尽卢仝七碗茶。”杨万里亦吟道：“不待清风生两腋，清风先向舌端生。”陆游在《老学庵北窗杂书》中，把卢仝与陆羽相提并论，诗曰：“小龙团与长鹰爪，桑苎玉川俱未知（桑苎，是陆羽的别号）。”自元至明、清，卢仝茶歌中的诗句，更都成了吟咏茶的典故。诗人骚客嗜茶擅烹，每每与“卢仝”“玉川”相比：“我今安知非卢仝，只恐卢仝未相及”（明·胡文焕），“一瓯瑟瑟散轻蕊，品题谁比玉川子”（清·汪巢林）；品茶赏泉兴味酣然，常常以“七碗”、“两腋清风”代称：“虎丘春茗炒烘蒸，七碗何愁不上升”（明·徐渭），“春来欲作独醒人，自汲寒泉煮新茗。满饮清风生两腋，卢仝应笑是前身”（明·郑邦霑）。1998年春天，中商部茶畜局在京举行品茶会，会上老书法家肖劳吟茶诗一首，亦引卢仝茶诗为典，有句云：“嫩芽和雪煮，活火沸茶香。七碗荡诗腹，一瓯醒酒肠。”

卢仝这首茶诗在夸张地描述了茶的神通之后，最后还有这样几

清 · 金农《玉川先生煎茶图》

句："安得知百万亿苍生命，坠在颠崖受辛苦。便从谏议问苍生，到头还得苏息否。"是说"至尊"和王公们，你们在享用这些"黄金芽"时，可曾想到百姓的艰辛，多少茶农甚至为此而丧命，请问谏议大夫，老百姓该不该有所"苏息"？卒章而显其志。卢仝作这首茶诗的本意，正在于此。在一番看如"茶通仙灵"的谐语背后，隐寓着诗人极其郑重的责问。

卢仝除写下这句千古茶诗外，在河南济原还有"玉川泉"和"烹茶馆"等遗迹。

杭州太守例嗜茶

“杭州太守例嗜茶”，这个印象是我在搜集古代咏茶诗词中得来的。

白居易（772—846），字乐天，晚号香山居士，其先太原（今属山西）人，后迁居下邽（今陕西渭南东北），唐代杰出的诗人。唐穆宗长庆二年（822）七月，白居易出任杭州刺史。他自誉是善于鉴茶识水的“别茶人”。他不但能烹善饮，而且种过茶，对茶叶采制也是个内行人。

元和十二年（817），白居易在江州（今江西九东）做司马，那年清明刚过不久，白居易的好友、忠州（今四川忠县）刺史李宣给他寄来了新茶，正在病中的白居易品尝新茶，感受到高谊隆情，欣喜莫名。他作《谢李六郎中寄新蜀茶》诗，句云：“不寄他人先寄我，应缘我是别茶人。”

白居易像

读白居易诗作，不难发现诗人一生的嗜好惟

诗、酒、琴、茶。“琴里知闻唯渌水，茶中故旧是蒙山，穷通行止长相伴，谁道吾今无往还”；“鼻香茶熟后，腰暖日阳中。伴老琴长在，迎春酒不空”；“闲吟工部新来句，渴饮毗陵远到茶”；“醉对数丛红芍药，渴尝一碗绿昌明”；“老来齿衰嫌橘酸，病来肺渴觉茶香。”

白居易饮茶，对茶、水、具的选择配置和候火定汤很是讲究。“坐酌泠泠水，看煎瑟瑟尘。无由持一碗，寄与爱茶人”；“最爱一泉新引得，清冷屈曲绕阶流”；“吟咏霜毛句，闲尝雪水茶”；“蜀茶寄到但惊新，渭水煎来始觉珍。”

白居易曾辟园种过茶。那是在他任江州司马时，“游庐山，到东西二林间香炉峰下，见云水泉石，胜绝第一，爱不能舍，因置草堂”（《与微之书》）。茶园便在香炉峰遗爱寺旁。“药圃茶园为产业，野麋林鹤是交游”；诗人这段生活，明人黄宗羲在《匡庐游记》中说：“山中无别业，衣食取办于茶……其在最高者，为云雾茶，此间名品也。

韬光竹径（老照片）

《白居易韬光品茗图》 张卫民作

白香山药圃茶园为产业，信非虚话。”

他在杭州任内，有一则与韬光禅师汲泉烹茗的佳话。诗僧韬光与白居易常有诗文酬答，白居易曾亲自为韬光题堂曰“法安”。一次，白居易作诗邀请韬光禅师到城里来：“命师相伴食，斋罢一瓯茶。”然韬光不肯屈从，也以诗答曰：“山僧野性好林泉，每向岩阿倚石眠……城市不堪飞锡去，恐妨莺啭翠楼前。”白居易只得亲自上山访晤，一起品茶吟诗。杭州灵隐韬光寺的烹茗井，相传便是当年白居易烹茗处。

比白居易稍后到杭州任刺史的姚合，也是位嗜茶的诗人。他有一首《乞新茶》诗："嫩绿微黄碧涧春，采时闻道断荤辛。不将钱买将诗乞，借问山翁有几人。"这是说茶芽呈嫩绿微黄时便开采了，采茶人像佛门弟子般断了荤辛，虔诚地采制，如此珍贵的春茶有钱也难买到，我将以我的诗句去向山翁乞讨。这位刺史十分羡慕在山居煮茗吟咏的安闲生活，在《寄元绪上人》诗中竟称："何计休为吏，从师老草堂。"

北宋著名文学家和政治家范仲淹晚年来杭州任职，那是皇祐元年（1049），范仲淹已经60岁了。北宋时期，斗茶之风盛行，他有个朋友叫章岷，是一个斗茶行家，曾任两浙转运使，也在范仲淹的家乡苏州当过父母官，与范是至交了。一次，章岷拜会范仲淹，叙谈了从事斗茶的经历与感受，并送上一首茶诗。范仲淹读后，欣然命笔和诗一首，题为《和章岷从事斗茶歌》，世称《斗茶歌》。范仲淹以其神来之笔，将斗茶的起因、斗茶的情景、茶的神奇功效都作了精彩描绘。有句云：

黄金碾畔绿尘飞，
碧玉瓯心翠涛起。
斗茶味兮轻醍醐。
斗茶香兮薄兰芷。
其间品第胡能欺，
十目视而十手指。
胜若登仙不可攀，
输同降将无穷耻。

读《斗茶歌》可知，诗人必定亦是一个斗茶妙手，不然何来这等传神描绘和深切感受。范仲淹还作过一首《鸠坑茶诗》：

潇洒桐庐郡，
春山半是茶。

宋 · 刘松年《斗茶图》

轻雷何好事，
惊起雨前芽。

桐庐郡的清丽洒脱，不同凡俗，原是因为有那漫山的春茶。可见茶在诗人心目中的地位了。

有“宋四家”盛誉的宋代四位书法大家中，蔡襄、苏轼两位先后出任过杭州知府。

蔡襄（1012—1067），字君谟，兴化仙游（今属福建）人。宋代著名书法家。曾任端明殿学士，故称蔡端明。卒后谥忠惠，亦称蔡忠惠。蔡襄任福建转运使期间，著有《茶录》。《茶录》虽仅千言，却很有名。上篇论茶，下篇论茶器，评茶经验十分丰富，称得上继陆羽之后的又一位大茶学家。

宋代的龙凤团茶，有“始于丁谓，成于蔡襄”之说。制小龙凤团茶是蔡襄在茶叶采造上的一个创举，当时赞美之声不绝。宋人王辟之在《渑水燕谈录》中说到：“龙凤团茶最为上品，一斤八饼。庆历中，蔡君谟为福建转运使，始造小团以充岁贡，一斤二十饼，可谓上品龙茶者也。”熊蕃有《御苑采茶歌》云：“外台庆历有仙官，龙凤才闻制小团。争得似金模寸璧，春风第一荐宸餐。”这位庆历年间的“仙官”即指蔡襄。

蔡襄喜爱斗茶。宋人江休复《嘉祐杂志》记有蔡襄与苏舜元斗茶的一段故事：蔡斗试的茶精，水选用的是天下第二泉——惠山泉；苏所取茶劣于蔡，却是选用了竹沥水煎茶，结果苏舜元胜了蔡襄。

蔡襄还善于茶的鉴别。他在《茶录》中说：“善别茶者，正如相工之瞟人气色也，隐然察之于内。”他神鉴建安名茶石岩白，一直为茶界传为美谈。彭乘《墨客挥犀》记：“建安能仁院有茶生石缝间，寺僧采造，得茶八饼，号石岩白，以四饼遗君谟，以四饼密遣人走京师，遗内翰禹玉。岁余，君谟被召还阙，访禹玉。禹玉命子弟于茶笥中选取茶之精品者，碾待君谟。君谟捧瓯未尝，辄曰：‘此茶极似能仁石岩白，公何从得之？’禹玉未信，索茶贴验之，乃服。”

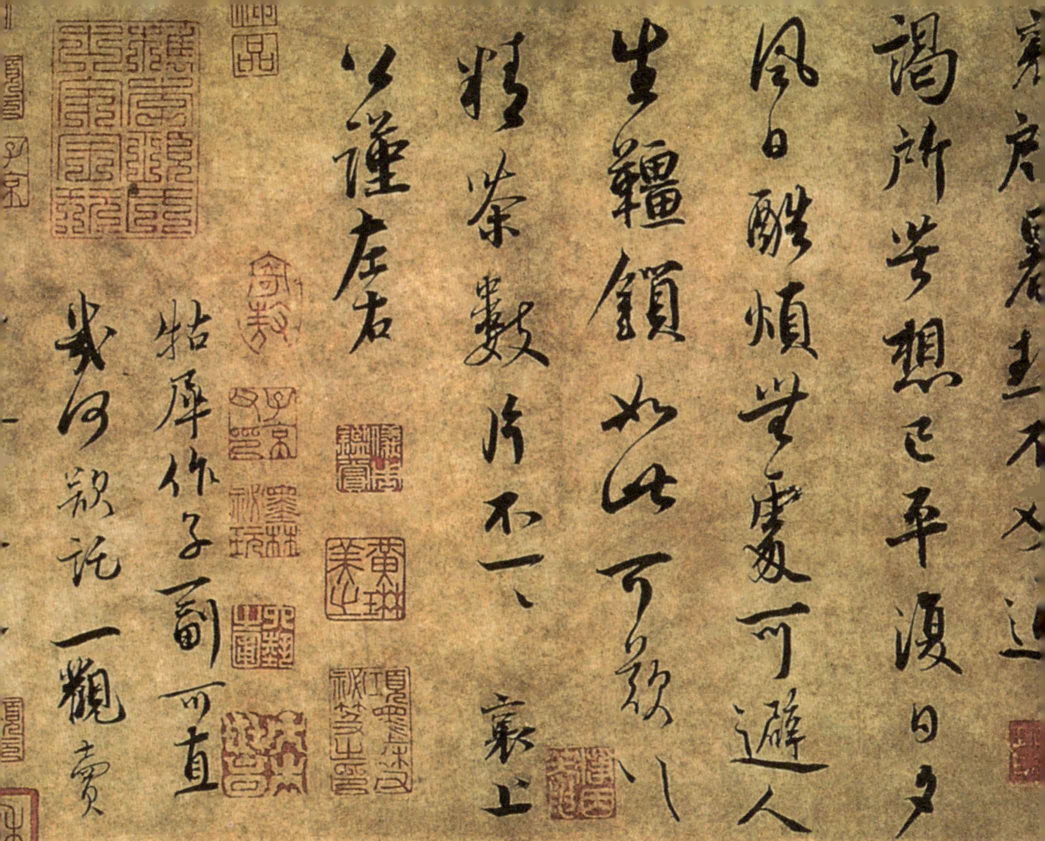

蔡襄所书《精茶帖》

作为书法家的蔡襄，每次挥毫作书必以茶为伴。欧阳修深知君谟嗜茶爱茶，在请君谟为他书《集古录目序》刻石时，以大小龙团及惠山泉水作为“润笔”。君谟得而大为喜悦，笑称是“太清而不俗”。蔡襄于治平二年（1065）以三司给事中为端明殿学士、尚书礼部侍郎知杭州。其时余杭径山的茶和泉很著名，蔡襄在游径山时，见泉甘白可爱，汲之煮茶，赞誉泉水清芳袭人。蔡襄年老因病忌茶时，仍“烹而玩之”，茶不离手。老病中他万事皆忘，惟有茶不能忘，正所谓“衰病万缘皆绝虑，甘香一事未忘情”。

苏东坡两任杭州，曾写下许多讴歌西湖山光水色的诗篇，对于得天独厚地受到西湖山水滋养的杭州茶，也留下不少赞美的篇章。“白云峰下两旗新，腻绿长鲜谷雨春”，指的就是上天竺白云峰所产的白云茶，这是对茶芽形状“旗枪”的最早描绘了。

“老龙井”题刻相传为苏轼手书

在北宋文坛上，与茶叶结缘的人不可悉数，但是没有一位能像苏轼那样于品茶、烹茶、种茶均在行，对茶史、茶功颇有研究，又创作出众多咏茶诗词的。

苏轼十分嗜茶，在生活中不可或缺。他夜晚办事要喝茶：“簿书鞭扑昼填委，煮茗烧栗宜宵征”（《次韵僧潜见赠》）；创作诗文要喝茶：“皓色生瓯面，堪称雪见羞；东坡调诗腹，今夜睡应休”（《赠包静安先生茶二首》）；睡前睡起也要喝茶：“沐罢巾冠快晚凉，睡余齿颊带茶香”（《留别金山宝觉圆通二长老》），“春浓睡足午窗明，想见新茶如泼乳”（《越州张中舍寿乐堂》）。更有一首《水调歌头》，记咏了采茶、制茶、点茶、品茶，绘声绘色，情趣盎然。词云：“已过几番雨，前夜一声雷。旗枪急战建溪，春色占先魁。采取枝头雀舌，带露和烟捣碎，结就紫云堆。轻动黄金碾，飞起绿尘埃。老龙团，真凤髓，点将来。兔毫盏里，霎时滋味舌头回。唤醒青州从事，战退

清 · 任霞《山水人物图》

睡魔百万，梦不到阳台。两腋清风起，我欲上蓬莱。”

长期的地方官和贬谪生活，使苏轼足迹遍及各地，从峨眉之巅到钱塘之滨，从宋辽边境到岭南、海南，为他品尝各地的名茶提供了机会。诚如他在《和钱安道寄惠建茶》诗中所云：“我官于南今几时，尝尽溪茶与山茗。”其中“白云峰下两旗新，腻绿长鲜谷雨春”，是杭州所产的“白云茶”；“千金买断顾渚春，似与越人降日注”，是湖州产的“顾渚紫笋茶”和绍兴产的“日铸雪芽”；“未办报君青玉案，建溪新饼截云腴”，这种似云腴美的“新饼”产自南剑州（今福建南平）；“浮石已干霜后水，焦坑闲试雨前茶”，这谷雨前的“焦坑茶”产自粤赣边的大庾岭下；还有四川涪州（今彭水）的月兔茶，江西分宁（今修水）的双井茶，湖北兴国（今阳新）的桃花茶，等等。苏轼爱茶至深，在《次韵曹辅寄壑源试焙新茶》诗里，将茶比作“佳人”。诗云：“仙山灵草湿行云，洗遍香肌粉末匀。明月来投玉川子，清风吹破武林春。要知冰雪心肠好，不是膏油首面新。戏作小诗君莫笑，从来佳茗似佳人。”

苏轼对烹茶十分精到，认为好茶必须配以好水。他在杭州任通判时曾作《求焦千之惠山泉》，以诗向当时知无锡的焦千之索惠山泉水。另一首《汲江煎茶》有句：“活水还须活火烹，自临钓石取深清。”诗人烹茶的水，还是亲自在钓石边（不是在泥土旁）从深处汲来的，并用活火（有焰方炽的炭火）煮沸的。南宋胡仔赞叹《汲江煎茶》诗说：“此诗奇甚，道尽烹茶之要。”苏轼对烹茶煮水时的水温掌握十分讲究，不能有些许差池。他在《试院煎茶》诗中说：“蟹眼已过鱼眼生，飕飕欲作松风鸣。蒙茸出磨细珠落，眩转绕瓯飞雪轻。银瓶泻汤夸第二，未识古人煎水意。君不见，昔时李生好客手自煎，贵从活火发新泉。”他的经验是煮水以初沸时泛起如蟹眼鱼目状水气泡，发出似松涛之声时为适度，最能发新泉引茶香。煮沸过度则谓“老”，失去鲜馥。所以煮时须静候水的消息。宋人曾有“候汤最难”之说。

对煮水的器具和饮茶用具，苏轼也有讲究。“铜腥铁涩不宜泉”，“定州花瓷琢红玉”。用铜器铁壶煮水有腥气涩味，石铫烧水味最正；喝茶最好用定窑兔毛花瓷（又称“兔毫盏”）。苏轼在宜兴时，还设计了一种提梁式紫砂壶。后人为纪念他，把此种壶式命名为“东坡提梁壶”。

苏轼亲自栽种过茶。贬谪黄州时，他经济拮据，生活困顿，便亲自耕种，以地上收获稍济“困匮”和“乏食”之急。在这块取名

《东坡品茗图》 张卫民作

“东坡”的荒地上，他种了茶树，深谙茶树习性。

苏轼喝茶、爱茶，还深得茶的功用。他在杭州任通判时，一天，诗人以病告假，独游湖上净慈、南屏、惠昭、小昭庆诸寺， 晚间又

到孤山去谒惠勤禅师。这天他先后饮了七碗茶，于是乎诗兴勃发，作《游诸佛舍一日饮酽茶七盏戏书勤师壁》，诗曰：

示病维摩元不病，
在家灵运已忘家。
何须魏帝一丸药，
且尽卢仝七碗茶。

魏文帝曾有诗句："与我一丸药，光耀有五色；服之四五日，身体生羽翼。"唐人卢仝在《谢孟谏议寄新茶》诗（又称《七碗茶歌》）中，对饮茶的妙处作了淋漓尽致的描述。苏东坡通过对两个典故的抑扬，极尽了对饮茶功用的夸赞和杭州茶的神往。

赵抃在杭州时间很短，仅半年多。他离开杭州后，旧日好友仍常寄绍兴卧龙山茶于他，并互相作诗唱和。他有一首《谢许少卿寄卧龙山茶》："越芽远寄入都时，酬倡珍夸互见诗。紫玉丛中观雨脚，翠峰顶上摘云旗。啜多思爽都忘寐，吟苦更长了不知。想到明年公进用，卧龙春色自迟迟。"茶发诗情，赵抃吟诗已离不开茶了。

陈襄也是一位茶的品鉴家，而且独有自己的评判标准。宋代评茶以纯白为上，青白次之。而他认为"休将洁白评双井，自有清甘荐五华"。他还有一首《灵山试茶歌》。灵山有"吸尽香"的露芽，有"龙脂"般的井泉。他说："璃碗玉川冰骨照，人寒瑟瑟祥风满。眼前紫屏冷落沉，水烟山月堂轩金。鸭眠麻姑痴煮丹，不识人间有地仙。"

杭州是丝茶之府，杭州太守例嗜茶，原也入情入理。

从来佳茗似佳人

据《杭俗遗风》载，清代，人们游杭州西湖大都在涌金门下船，码头边有爿名曰“藕香居”的茶室。门对西湖，三面临荡；盛夏时节，绿荷红葩，令人清心爽目。茶室内挂有一副对联：“欲把西湖比西子，从来佳茗似佳人。”这副联是巧集苏东坡的诗句而得。上联出自《饮湖上初晴后雨》，是熙宁六年（1073）苏东坡第一次来杭州任通判时所作；下联取自《和曹辅寄壑源试焙新茶》，是十七年后诗人第二次来杭州任知州时所作。上联是以美女喻西湖，西湖与西子一样，具有真正的自然美的风韵；下联则以茶叶喻美人，绝品香茗犹如绝代佳人，好在都有天然的资质。这副对联，通过两个奇妙的比喻，极言湖山之胜和香茶之醇。

“从来佳茗似佳人”一句，是诗人得茶三昧而发出的由衷赞叹。苏东坡在杭州写下了许多咏茶的诗篇。他还常在节假日至寺院探访僧友，一起品茶唱和。许多僧友，又是诗友，又是茶友。他与孤山智果院高僧参寥曾有一段梦中品茶赋诗的佳话。苏东坡守黄州时，参寥曾远道去访。一天，苏东坡梦中与参寥汲泉烹茶，参寥赋诗一首，有“寒食清明都过了，石泉槐火一时新”两句，苏东坡梦中问：“火固新矣，泉何故新？”答曰：“俗以清明淘井。”七年后，苏东坡守杭州，

光绪戊子

清・任伯年《人物册页》

参寥泉（张望摄影）

寒食后一天，东坡去智果院拜访参寥，见院后有泉出石缝间，甘冷宜茶，参寥又撷新茶，汲泉钻火而瀹之。苏东坡面对眼前所见，笑着说："此适符七年前梦兆。"当即记以刻石为铭。梦虽是巧合，然苏东坡对杭州香茶美泉的酷爱，于此可见。

晴窗细乳戏分茶

南宋淳熙十三年（1186）春，陆游应召“骑马客京华”，从家乡山阴（今绍兴）来到京都临安（今杭州）。那时节，国家处在多事之秋，一心杀敌立功的陆游，却被宋孝宗当作一个吟风弄月的闲适诗人看待。他心里感到失望，徒然以写草书、玩分茶自遣。《临安春雨初霁》诗有句云：“矮纸斜行闲作草，晴窗细乳戏分茶。”这“分茶”，不是寻常的品茗、别茶，也不同于斗茶、茗战，而是一种独特的烹茶游艺。放翁在诗中又是把“戏分茶”与“闲作草”并提的，可见这绝非一般的玩耍。宋词人向子諲有《浣溪沙》一首，题云：“赵总持以扇头来乞词，戏有此赠。赵能著棋、写字、分茶、弹琴。”诗人把分茶与琴、棋、书等艺并列，说明此亦为当时文人喜爱与习尚的一种文化活动。

分茶在宋代是玩得比较普遍的，宋人诗词中吟咏到“分茶”的颇多。王之道有《西江月·和董令升燕宴分茶》词；史浩《临江仙》词有“春笋惯分茶”之句；陈与义有《与周绍祖分茶》诗。杨万里有一首《澹庵坐上观显上人分茶》诗，描述他观看显上人玩分茶时的情景，十分详尽，诗云：“分茶何以煮茶好，煎茶不似分茶巧。蒸水老禅弄泉声，隆兴元春新玉爪。二者相遭兔瓯面，怪怪奇奇真幻变。纷如劈絮行太空，影落寒

宋·赵佶《文会图》(局部)

元·赵孟頫《斗茶图》

江能万变。银瓶首下仍尻高，注汤作势字嫖姚。”茶水相遭，在兔毫盏的盏面上呈现出怪怪奇奇的幻变来，有如悠远的景色，或似劲疾的草书。显上人玩分茶是心手相应，善幻能变。然要像他那样娴熟是很不容易的。难怪陆游在记述自己分茶时要着一“戏”字，以示并非内行，不过试着玩玩而已。分茶这种游艺大约始于北宋初年。北宋初年人陶谷在《荈茗录》中说到一种叫“茶百戏”的游艺。他说：“茶至唐始盛，近世有下汤运匕，别施妙诀，使汤纹水脉成物象者，禽兽虫鱼花草之属，纤巧如画，但须臾即就散灭。此茶之变也，时人谓茶百戏。”陶谷记述的“茶百戏”便是后来称的“分茶”，玩法是一样的。宋代把茶制成团饼，称为“龙团”、“凤饼”。冲泡时“碾茶为末，注之以汤，以筅击拂”，此时，盏面上的汤纹水脉会幻变出各式图样来，若山水云雾，状花鸟虫鱼，却如一幅幅画图，称为“水丹青”。据说，当时有个佛门弟子叫福全的，精于分茶，有“通神之艺”。他能注汤幻茶成一句诗，若同时点五瓯，可幻成一绝句。至于变幻一些花草虫鱼之类，唾手可得。因此常有施主上门求观，福全颇有点自负，曾自咏曰：“生成盏里水丹青，巧尽工夫学不成。却笑当时陆鸿渐，煎茶赢得好名声。”

蔡京在《延福宫曲宴记》里还记述了这样一件事：北宋宣和二年十二月癸巳，有“通百艺”之称的徽宗皇帝，召宰执亲王等曲宴于延福宫，徽宗兴来命近侍取茶具，亲手注汤击拂，少顷，白乳浮盏面，如疏星朗月。徽宗所玩的也是分茶。可惜的是，分茶这朵茶叶品饮艺术中的奇葩早已失传了。

知有行商来买茶

“蝴蝶双双入菜花，日长无客到田家。鸡飞过篱犬吠窦，知有行商来买茶。”这首绝句，是南宋前期杰出诗人范成大《春日田园杂兴十二绝》中的一首。诗人于淳熙九年（1182）以病乞归故乡，闲居在江苏苏州西南的石湖。暮春时节，男女老少都投入采制茶叶和田间劳动，村里显得十分宁静。突然传来一阵鸡飞狗叫声。呵！准是采买茶叶的行商又来了。诗人摄取茶乡的一个小镜头，描绘了一幅茶商下乡收茶图。

这首绝句，也是南宋茶贸易的生动写实。宋代茶叶基本上都是实行国家专卖，只在嘉祐四年下《通商茶法诏》之后，一度允许种茶园户与商贾自由买卖。但到北宋末年又恢复了专卖制

晚清制茶图

清末茶行

清末制茶作坊

度。南宋实行的是“卖引法”，允许园户与商人直接交易，惟商人应先于京师榷货务买“引”(是一种交纳茶税后，准许行销的凭照)，引上注明何处买茶，于何处出卖，而且引有期限，必须按限期交榷货务销毁。范石湖诗中的那个茶叶行商，就是这种凭引限地限时下乡来采买的。所以园户心中都有数，节令一到，他们必来。

这些下乡收茶的行商，沟通了生产者与消费者的联系，成为茶山与市场的纽带，对宋代茶叶商品经济的兴旺发挥了重要作用。众多的行商之外，还有一批坐贾，他们在京都开设交引铺，操纵茶价，倒卖茶引，牟取暴利。宋仁宗时，京都有个大茶商叫陈子诚，竟巴结上了杨太后。在宋仁宗废郭后时，太后允诺陈子诚把他的女儿送进宫中，“太后许以为后也”。后有太监向仁宗进谏：子诚本是大臣家奴仆之辈，陛下若纳奴仆之女为后，将愧见公卿大臣也。于是仁宗未从，将此女送出宫去。这个故事可以看出，一个出身卑微的茶商，能高攀上皇太后，其商业资本的敛聚和谋略不言而喻了。陆游晚年退居山阴，写了许多咏茶诗，其中有两首吟及“茶市”。一首是庆元六年（1200）春的《湖上作》，诗云：“兰亭之北是茶市，柯桥

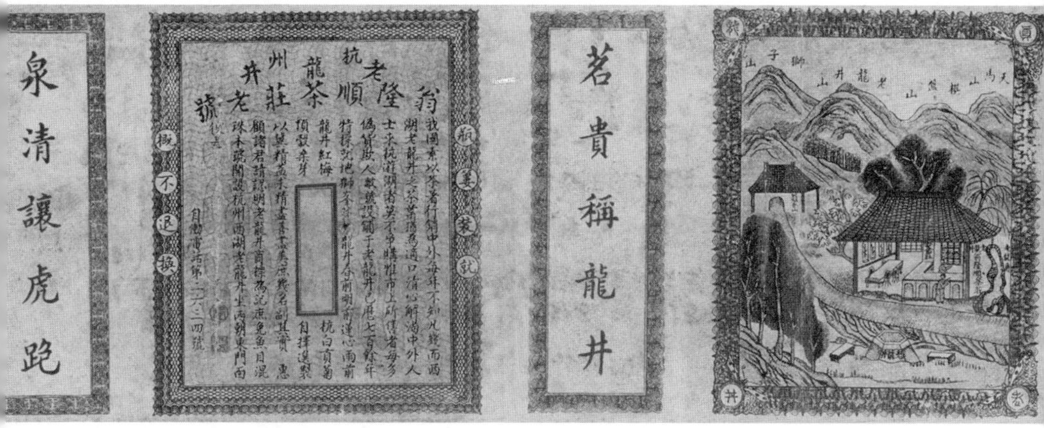

“茗贵称龙井，泉清让虎跑”，此为杭州老龙井翁隆顺茶庄老字号茶盒包装纸上的广告语

民国时期西湖龙井茶的包装罐

以西多橹声。”另一首《兰亭道上》，是嘉定二年（1209）也就是诗人在世的最后一年春天作的，有句云：“兰亭步口水为天，茶市纷纷趁雨前。”这两首诗都说到当年兰亭有茶市。据《嘉泰会稽志》载：“兰渚，在县西二十五里。旧经云，山阴县西兰渚有亭，王右军所置，曲水赋诗作于此。”兰亭非但是一个书法圣地，还曾经是一个茶商会集之地。

旧时山阴，不只兰亭有茶市，还有平水茶市，而且在唐代就已很闻名了。与白居易齐名的诗人元稹（字微之）在《白氏长庆集序》中，记载了这样一件有趣的事：元稹曾出游平水市中，见村校诸童，竞相习诵诗歌，他召问儿童诵何诗？皆回答说：“先生教我乐天、微之诗。”儿童们当然不晓得问者便是大名鼎鼎的微之。在街市中，诗人还见到许多人手抄或模勒了白居易和他的诗作，沿街叫卖，并与人交换茶、酒。诗可换茶，于此亦可见诗与茶的因缘了。

唐代诗人在诗作中写到“茶商”、“茶市”的有不少。白居易《琵琶行》中有句：“门前冷落车马稀，老大嫁作商人妇。商人重利轻别离，前月浮梁买茶去。”这首诗为后人留下了一条重要的茶叶史料。琵琶女的丈夫也是个茶叶行商，当年浮梁（今江西景德镇市北）也是一个著名的茶叶集散地。浮梁靠近鄱阳湖，仅需一二天里程。由鄱阳湖可直通长江运往各地。

与白居易同时代的、新乐府运动的参加者王建，有一首《寄汴州令狐相公》诗，云：“水门向晚茶商闹，桥市通宵酒客行。”说的是汴州（今河南开封）也有热闹的茶市。据《封氏闻见记》、《太平广记》等记载，唐时茶叶贸易已十分兴盛，是仅次于盐的大宗商品。茶税是当时朝廷的一项重要收入。唐代的茶叶是允许自由买卖的，而且唐制不许官僚经商，与民争利。所以茶叶贸易由民间经营，一度比较兴盛。晚唐，朝廷对茶实行专卖，严禁私人贩运。官商结党营私，惟利是图，茶叶贸易凋蔽。

这些吟咏茶商、茶市的诗作，诗中有史。读诗作，在欣赏之余，还能对唐宋两代的茶叶贸易有所了解。

龙井茶名诗中出

龙井，是泉名，也是寺名，又是茶名。

龙井泉的得名，据《西湖游览志》载，最早在三国东吴赤乌（238—251）间，后晋人葛洪曾炼丹于此。

龙井寺创建于五代后汉乾祐二年（949），相传为一个名叫凌霄的杭州居民募缘所建，初名报国看经院，后曾改名寿圣院、广福院、延恩衍庆寺，直到明正统三年（1438），因寺迁至泉畔，遂以泉名寺。

龙井茶这个名字的出现，远迟于泉与寺。龙井山区产茶的历史或许也相当久远了，但首先把茶叶与龙井连在一起的，是元代诗人虞集，就是他的一首《次邓文原游龙井》诗，有句云：

徘徊龙井上，
云气起晴昼。
澄公爱客至，
取水挹幽窦。
但见瓢中清，
翠影落群岫。
烹煎黄金芽，
不取谷雨后。
同来二三子，
三咽不忍漱。

虞集像

龙井茶（选自《太平欢乐图》）清 · 董棨作

龙井茶这个现在已经驰名中外的名字，原是从诗中来。虞集曾任元翰林直学士兼国子监祭酒，暮年寓居杭州的开元宫（在今吴山北麓）。邓文原是他在国子监的同事。此诗是两人同游龙井品茶唱和之作。诗句不但记述了龙井有名茶，而且把龙井茶的采摘季节、品质特点以及品饮方法，都作了生动的描绘。而在虞集之前，有关杭州产茶的史料中亦未见有龙井茶之名。此前辩才和尚与赵抃、苏东坡的诗歌唱和中虽也提到茶，但那茶是否是当地所产，尚有争议，即便是当地所产，其时还没有“龙井茶”之名。

虞集诗一出，明清两代记述和吟唱龙井茶的诗文就多起来了。这自然是同当地茶叶生产的发展有关。明人孙一元有《饮龙井》一

龙井泉

新茶开摘季节，采茶女们腰挎竹篓，欢歌笑语，茶园里一派繁忙景象

首："眼底闲云乱不开，偶随麋鹿入云来。平生于物元无取，消受山中茶一杯。"此后，龙井茶的声名益盛，其品质超过了唐时已产茶的天竺、灵隐。《西湖游览志》作者田汝成之子田艺蘅，他在《煮泉小品》中说："今武林诸泉，惟龙泓入品，而茶亦惟龙泓山为最……其地产茶，为南北山绝品……宝云、香林、白云诸茶，皆未若龙泓之清馥隽永也，龙泓今称龙井，因其深也。"

今称之龙井茶，已不单指龙井一地所产，西湖地区，包括龙井四周秀山峻峰所产的，亦统称为龙井茶，故在"龙井"的名上又冠以"西湖"两字。"西湖龙井"这个名称，最早可见之于清乾隆皇帝的《观采茶作歌》。乾隆十六年（1751），爱新觉罗弘历南游来杭州，看了天竺、云栖乡民采茶焙制之后写下了这首诗，其中："火前嫩，火后老，惟有骑火品最好。西湖龙井旧擅名，适来试一观其道。"咏西湖龙井茶的诗篇，实在也是西湖龙井茶的历史纪录。

一市秋茶说岳王

清代诗人黄晦闻的西湖诗中有一断句："一市秋茶说岳王。"描摹的是秋日西湖，云淡天高，爽朗宜人，熙熙攘攘的茶肆中，茶客满座，神情专注地聆听说书人讲演鄂王岳飞的故事。虽只一断句，却是十分凝炼地反映了当年杭州人的一种生活情趣：在湖山秀美处，徐啜款饮品香茗，兴致悠然听说书，其乐也陶陶！此一断句又道出了杭州茶室的一个传统特点，即是饮茶之中融合着文化娱乐。

早在南宋时期，杭州就有边品茶、边"习学乐器，上教曲赚"之类的茶楼，或又喝茶、又看卖伎人演出的茶肆。不过那时上这些茶楼、茶肆的多是富室子弟。自明代以后，逐渐推向市井，民间曲艺进入了茶馆。到清时更盛，甚至遍布"一

清末北京戏园子，看戏者每人一杯茶，边饮边看

大运河边的听水楼茶室（老照片）

旧时杭州吴山茶室（老照片）

市”。这便是具有杭州地方特色的一种茶文化。如果说，日本茶道的传统是注重于讲究沏茶的仪式和规范；那我们杭州的“茶道”，自南宋以来日趋生活化，而且在不同时期有与不同的生活内容相结合的新形式。

明代《金瓶梅》插画所表现的市井茶坊

茶馆是一定时代和地域的产物。茶馆的出现、发展、演化，反映了时代的变迁，映衬了人们的生活习性、文化习俗和人文环境的变化。可以这样说，茶馆是所在城市的一种标识，是地域风情的徽记。

杭州的茶馆，大多在水一方，在西湖之滨，名胜之点，再就在大运河、市河之畔，以及钱塘江边。有人说，杭州是“水世界上漂来的城”，杭州的茶馆亦得水之利，连西湖上的游船也是一个迷你型的茶馆——游客下船坐定，船娘会先沏上一壶茶，随后便荡桨而去。

苏州、扬州一带的茶社清幽而从容。清人沈朝初有一首赞美苏州的词《忆江南》：“苏州好，茶社最清幽。阳羡时壶烹绿雪，松江眉饼炙鸡油，花草满街头。”在满街花草中的苏州茶社，茶取洞庭山碧螺春，壶用宜兴时大彬款式的紫砂具，茶点有松江眉饼。如此清幽而随意地品茶，怎不令人追忆难忘？扬州旧时不仅茶馆多，而且澡堂也等于茶馆，早上是茶馆，晚上是浴室。所以有“早上皮包水，

清末闹市间的茶楼

晚上水包皮”之说。茶客是可以在茶馆里留连一整天。苏州、扬州人爱坐茶馆，一半为喝为吃，另一半则为听，为听评话弹词而每日必到。苏州、扬州人爱弹词艺术，许多是从小跟着父辈进茶馆看热闹、吃茶食开始的。

清末京师茶馆（老照片）

广州茶楼，且饮且食，茶中有饭，饭中有茶，一日之中有“三茶两饭”。自清代的“二厘馆”（即每位茶价二厘）以来，一直承袭了这一传统。茶楼分早、中、晚三市，清晨五六点钟茶楼就开市，上午十点钟左右收档，稍事整理后，供应午饭。二点钟，午饭结束，便开始下午茶了。午茶的内容和形式与早茶差不多。午茶到下午五点钟收档，接着便是晚餐。晚餐结束后，便是开晚茶的时候了。不过，如今也有不供应饭菜，专业品茶的茶艺馆了。

老北京天桥书茶馆（老照片）

京派茶馆，最有特色的是书茶馆和戏茶园。书茶馆一般上午卖清茶，供过往行人歇息，下午和晚上开书场，约请评书、鼓词艺人来演出。戏茶园，顾名思义是喝茶看戏。旧时东安市场内的吉祥茶园、丹桂茶园等，一壁墙的中间设一戏台，台前平地称为“池”。三面环以楼廊作观众席，设茶座。如今的湖广会馆、天桥

老北京天桥茶摊（老照片）

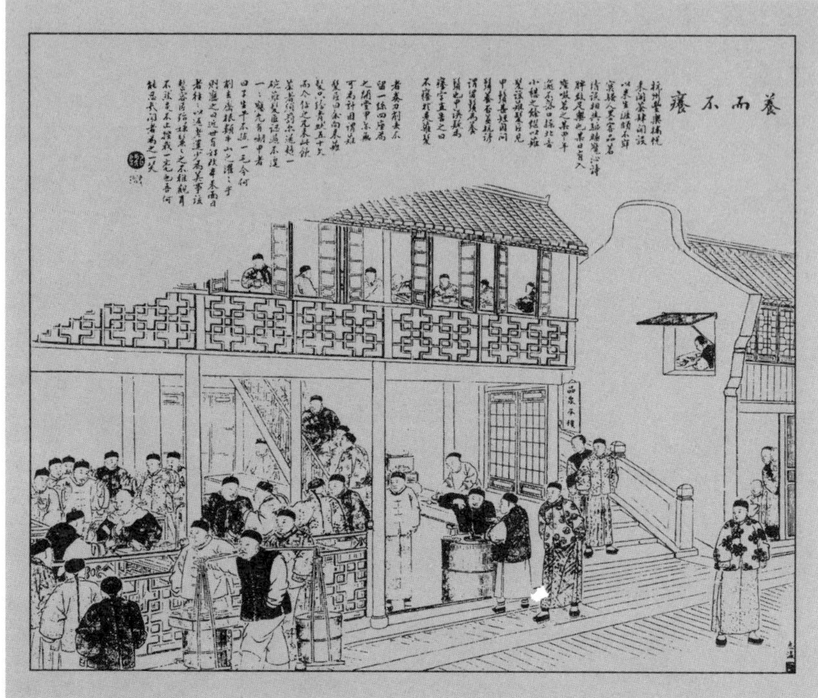

清代《点石斋画报》所表现的清末茶楼

清末上海五层茶楼（老照片）

清末营业写真·茶博士

小校场年画《更上一层楼》

北宋·张择端《清明上河图》(局部)
图中所绘系汴京(开封)东郊虹桥一带的街市风光，可见那时茶肆、茶铺林立

民国时上海茶馆（老照片）

乐、正乙祠仍保持着老北京的传统特色。

巴蜀茶铺，悠然洒脱。川人喝茶多以清茶为主，茶食不多，不像广州、扬州那样且饮且食。上茶铺，追求的是那份悠然、闲散，漫不经心地优哉游哉地摆龙门阵。茶铺堂倌的掺茶绝技，堪称全国茶馆之最。短嘴壶掺茶的一手可端摞十多只盖碗，长嘴壶掺茶的能在一米外将壶水射入茶碗中，滴水不漏。

上海茶馆，兼收并蓄。在十里洋场的伊始，本土文化和外来文化陈杂碰撞，上海的茶馆同样博采众长，开放包容，既有如湖心亭那样的江南传统茶馆，也有像同芳居这种粤式茶楼，日式茶社早在清光绪初就陆续开出，欧风也早就吹进了上海茶馆，洋房三层的阆苑第一楼一时生意兴隆。

社会在发展，生活在改变，茶馆的地域特色也在不断创新和延伸。在交通便捷、信息如流的今天，中国茶馆将是一个多元并存、百花齐放的时代。

今年斗品充官茶

“君莫学前丁后蔡相斗贡，忘却苍生无米粒。”这是明代钱塘人胡文焕《茶歌》中的两句，对贡茶害民揭示得极为深刻。一面是官僚争新买宠，搜括贡茶；一面是茶农们不堪负担，无米下锅。真切地反映了茶农惨遭封建官府掠夺的苦况。

向封建皇帝进奉贡茶，最早可追溯到西周之初，周武王伐纣灭商后，巴地邦国晋献的贡品就有茶叶。但作为一项岁有定额的制度确立，始于唐代。以后历代封建王朝都相沿袭，是一种带聚敛性的繁重劳役。唐时贡茶要在清明前送到京城，采制必须拼命抢早。多数贡茶都是“初萌未展”的茶芽。紫笋贡茶，就是由其颜色带紫、形似笋状而得名。贡奉紫笋茶，每年要用工三万，累月方毕。清代释超全有诗云：“种茶辛苦甚种田，耘锄采摘与烘焙。谷雨届期处处忙，两旬昼夜眠餐废。”修贡的官吏为了祈早，竟搞什么击鼓喊山，每年年终腊尽的时候，天天深夜把园户喊醒驱赶上山，一边击鼓一边叫喊，认为这样就可以把“凝睡”的山岭和茶树唤醒。欧阳修《尝新茶诗》中就记有这个内容：“年穷腊尽春欲动，蛰雷未起驱龙蛇。夜闻击鼓满山谷，知人助叫声喊呀。”宋代的封建官僚们为了邀宠皇上，还兴起赛茶之风，将各地名茶进行比赛，选出的名品即为“斗品”，奉献皇家。其中以丁谓和蔡襄为最剧。当年苏轼由汉唐两代进贡荔枝给人民带来的祸害，联想到贡茶。曾作诗斥责丁、蔡的行径：“君不见武夷溪边粟粒芽，前丁后蔡相笼加，争新买宠各出意，今年斗品充官茶。”（《荔枝叹》）

咸淳臨安志卷五十八　八

紬 有績絲績綫為之者謂之絲綫紬土人貴此

枲之品

桑 柘

麻 苧

貨之品

茶 歲貢見舊志載錢塘寶雲菴產者名寶雲茶下天竺香林洞產者名香林茶上天竺白雲峯產者名白雲茶東坡詩云白雲峯下兩槍新又寶嚴院垂雲亭亦產茶東坡有怡然以垂雲新茶見餉報以大龍團戲作小詩妙供來香積珍烹具太官揀芽分雀舌賜茗出龍團又游諸佛舍一日飲釅茶七盞戲書有云何須魏帝一丸藥且盡盧仝七碗茶蓋南北兩山及外七邑諸名山大抵皆產茶近日徑山寺僧採穀雨前者以小缶貯送

南宋《咸淳临安志》卷五十八记载杭州之“贡茶”

自唐宋直到明清一千多年来，贡茶像是一条沉重的锁链，长期勒索着我国的茶农。明代在浙江曾发生过一起有名的“谣狱案”。事情是由当时流传在富春江一带的一首控诉贡茶罪恶的民谣——《富阳江谣》引起的。正德年间（1506—1521），浙江有个按察佥事韩邦奇，他在写给明武宗的一个奏章中，引用了这首歌谣。不料，武宗一见大怒，即为“引用贼谣，图谋不轨”之罪，将韩邦奇革职为民，差点送掉了性命。歌谣唱道：

富阳江之鱼，富阳山之茶。
鱼肥卖我子，茶香破我家。
采茶妇，捕鱼夫，
官府拷掠无完肤。
昊天何不仁？此地一何辜？
鱼何不生别县，茶何不生别都？
富阳山，何日摧？

顾渚山唐代摩崖石刻

富阳水，何日枯？
山摧茶亦死，江枯鱼始无！
于戏，山难摧，江难枯，
我民不可苏（活）！

真是君王杯中茶，都是茶农的血和泪。封建皇帝施淫威可革臣僚的职，却压不住茶农心头的愤恨，阻挡不了《富阳江谣》的传唱。

福建崇安的武夷茶区，有一首《吃碗青茶赛过鸡》的茶歌：

想起崇安真可怜，
半碗腌茶半碗盐。
茶叶下山出江西，
吃碗青茶赛过鸡。

身在茶山，亲手采制过多多少少青茶（即武夷岩茶）的武夷山人，却只能腌茶当饭盐充茶，品尝到一碗青茶，竟比吃鸡还难。唱出了茶农生活贫困，无米下锅，饱尝人间酸辛的悲惨遭遇。歌声凄凉悲切，催人泪下。

茶歌一曲唱今昔

“诗言志，歌咏言”。民歌是劳动群众的自由创作，是他们的真实情感的抒写。历代茶歌，是各个历史时代茶区风貌、茶农生活、茶俗民情、饮茶情趣的生动写照，真实反映了茶人的思想、情感和愿望。这些具有独特艺术魅力和茶情茶韵的歌曲，是茶文化和民族音乐文化的宝贵财富。

茶歌的内容丰富，涉及的面较广，还有许多反映劳动生产的歌谣。江南茶区的《采茶谣》，抒发了茶农的思想情感，揭示了茶叶生产的特点：

三月采茶防茶老，
急煞茶山女姣姣；
早采三日是个宝，
晚采三日变成草。

民国时期上海出版的《图画日报》第120号上，有一幅《茶寮炕榻品茶之闲适》图，图仿十二个月采茶山歌，作吃茶山歌，以写闲适：

正月里吃茶是新年，
泡茶泡在炕床边，
两个橄榄当元宝，

呷口元宝赞茶鲜。

二月里吃茶暖洋洋，
绝细茶壶摆炕床，
堂倌掇凳来搁脚，
壶中茶叶雨前香。

三月里吃茶正三春，
桃新柳绿百花新，
吃茶若使春心动，
炕榻眠眠好养神。

四月里吃茶日渐长，
困人天气软郎当，
吃盏香茶困一歇，
眼睛闭闭倦茫茫。

五月里吃茶是端阳，
火腿肉粽裹米香，
吃完粽子茶坊到，
说说谈谈坐炕床。

六月里吃茶三伏天，
心中热得火来煎，
榻床闲把凉茶饮，
饮罢凉茶更好眠。

七月里吃茶正新秋，
街头暑气未全收，

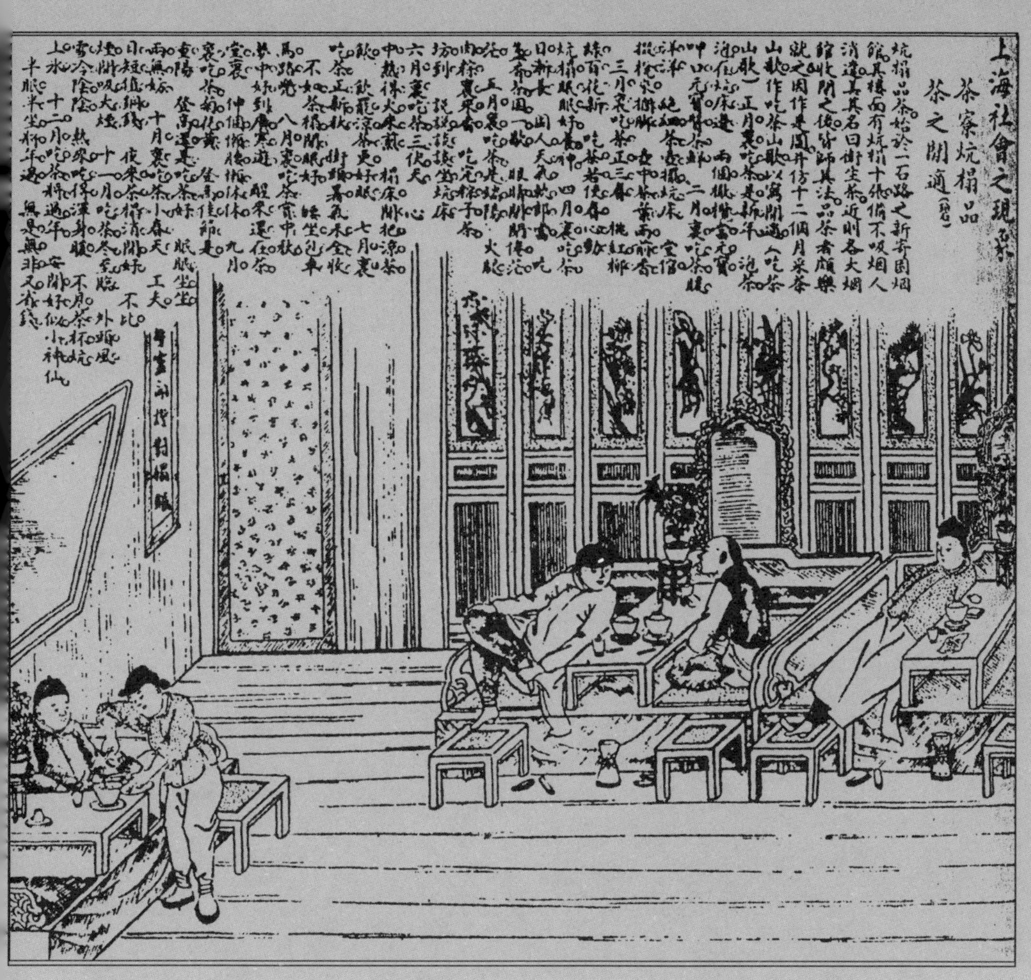

上海《图画日报》之《茶寮炕榻品茶之闲适》图。上海早先有一种烟馆，备几张炕榻，供不吸烟者喝茶消遣。后茶馆也引进炕榻。

不如茶榻闲眠好，
勿坐包车马路兜。

八月里吃茶赏中秋，
梦中好到广寒游，
醒来还在茶堂里，
伸个懒腰懒休休。

九月里吃茶菊正黄，
登高佳节是重阳，
登高还是吃茶好，
眠眠坐坐两无妨。

十月里吃茶小春天，
工夫日短值铜钱，
夜来茶榻消闲好，
不比烟间吸大烟。

十一月吃茶冬至临，
外头风雪冷阴阴，
热茶吃得浑身暖，
不见茶杯炕上冰。

十二月吃茶将过年，
安闲好似小神仙，
半眠半坐将过年，
无是无非又省钱。

茶乡的青年男女，还以茶歌来传递爱情。湖南土家族有首茶歌《冷水泡茶慢慢浓》：

韭菜开花细茸茸，
有心恋郎莫怕穷，
只要两人情意好，
冷水泡茶慢慢浓。

姑娘与郎君的爱情，纯洁而充满希望，以“冷水泡茶慢慢浓”祝愿婚后更情真意笃，越过越美好。比喻新奇而又贴切，寓意含蓄而富有情趣。

在江西赣州茶区，也流传着许多曲调优美、歌词质朴的茶乡情歌。《八月十五看月华》唱道：

八月十五看月华，
郎带月饼妹带茶。
吃郎月饼甜到肚，
食妹细茶开心花。

一对情人，幽会于中秋月下，妹妹吃郎月饼，郎君吃妹细茶，月饼象征着团圆和甜蜜，这细茶象征着爱的纯洁与久长。

闽南茶区有首《茶叶青》，姑娘们边采茶叶边唱茶歌传情：

带起那个竹笠穿花裙，
采茶的姑娘一群群，
去到茶山上呀，采呀采茶青呀，
不怕太阳晒头顶。
带起那个套袖裹花巾，
采茶的姑娘一群群，
大家手不停呀，采呀采茶青呀，
不怕刺藤扎手心。
采茶那个要采茶叶青，
你要看那一看清，
嫁郎那个要嫁最知心，
也要像茶叶青。
采茶姑娘一群群，
上得那茶山采茶青，
唱起采茶歌呀送呀送个信呀，

要叫有情郎呀郎来听。

姑娘手采茶叶青，口唱茶叶青，心怀茶叶青。这茶叶青，就是丰收，就是情郎，就是美好的生活。

新中国成立后，茶歌创作进入了一个新的时期，一批优秀的词曲作家，深入茶区采风，吸收民间文化营养，创作了许多优秀的茶歌作品。有的已经成为脍炙人口的经典之作，广为流传。

这些优秀的茶歌作品，首推出自龙井茶乡的《采茶舞曲》，其中一段唱道：

溪水清清溪水长，
溪水两岸采呀采茶忙。
姐姐呀，你采茶好比凤点头，
妹妹呀，你采茶好比鱼跃网。
一行一行又一行，
摘下的青叶箩里放，
千箩万箩千万箩呀，
片片茶叶放清香，
多又多来好又好，
龙井香茶美名扬。
美呀么美名扬。
左采茶来右采茶，
双手两面一齐下，
一手先来一手后，
好比那两只公鸡
争米上又下。
两只茶箩两旁挂，
两手采茶要分家，
摘了一会停一下，

杭州梅家坞采茶姑娘（翁荣儿摄影）

头不晕来眼不花，
多又多来快又快，
年年丰收龙井茶。

这是著名音乐家周大风先生在20世纪50年代创作的，这首歌以活泼跳跃的曲调和江南越剧音乐的韵律，把人们带到了春光融融的龙井茶园，生动刻画出采茶姑娘的精神风貌，成为江南茶歌的代表作。1987年，由歌唱家叶彩华演唱的《采茶舞曲》，入选联合国教科文组织亚太地区音乐教材，走进了世界音乐殿堂。

《请茶歌》（文莽彦词，解策励曲）是又一首茶歌优秀作品，同样诞生于20世纪50年代。“同志哥，请喝一杯茶呀请喝一杯茶……”江西兴国山歌的曲调高亢而亲切，乐观而自豪，用顶风冒雪茁壮成长在井冈山巅的香茶，比喻英勇善战的红军，成为进行革命传统教育的好教材，加之著名歌唱家朱逢博的成功演唱，传遍祖国四方。

还有《挑担茶叶上北京》、《三月街茶歌》、《采茶灯》等等，都是那个时代茶歌中的佼佼者。

进入改革开放的新时期，随着茶经济的发展，茶文化的繁荣，为茶歌创作提出了新要求，同时注入了现代意识和新的审美情趣，从而涌现了一批新的优秀茶歌。苗家女儿宋祖英演唱的《古丈茶歌》（夏劲风词，龙伟华曲）就是其中最有代表性的一首："绿水青山映彩霞，彩云深处是我家。家家户户小背篓，背上蓝天来采茶。采不完的悄悄话，采不尽的笑哈哈。采串茶歌天上撒，好像天女在散花。青青茶园一幅画，迷人画卷天边挂。画里弯出石板路，弯向海角和天涯。春茶尖尖叶儿翠，绿得人心也发芽。小城古镇迎远客，乡情融进古丈茶。"歌声带着原本鲜为人知的古丈茶，飞向四方。还有关牧村演唱的《三月茶歌》（党永庵词、施光南曲），李谷一演唱的《前门情思大碗茶》（严肃词、姚明曲），杨钰莹演唱的《茶山情歌》（颂今词、韩乘光曲），等等，都唱出了新时期茶农的笑脸，唱出了中国茶的真味，唱出了广大茶人的心声。

不久前在马来西亚举行的国际茶文化研讨会上，中外茶人取得了这样的共识；21世纪是茶文化的黄金世纪。这个黄金世纪的特点是中华名茶阔步走向世界，中外茶人携手弘扬茶文化，这为茶歌创作提供了取之不尽的创作源泉，同时呼唤无愧于时代的新的茶歌创作。新世纪的茶歌应该是题材更加广泛，手法更趋丰富，形式更为新颖。我们期待着茶经济、茶文化界人士和词作家、曲作家、歌唱家携起手来，在这个茶文化的黄金世纪，创作出一批新的洋溢着时代精神的新茶歌。

雅趣俗情妙语联

在茶文化的丰富宝藏中，还有一颗晶莹夺目的明珠——咏茶对联。一般只短短两句的茶联，却洗练精巧，含蓄蕴藉，或咏茶以言理，饱含生活哲理；或吟茶以遣兴，富有诗情画意；或唱茶以见趣，充满幽默机趣。都给人带来思想和艺术美的享受。

西湖龙井茶产地——龙井，有茶室名曰：秀萃堂，门前挂一副楹联：

泉从石出情宜冽
茶自峰生味更圆

这副对联，把在龙井品茶所特有的茶、泉、情、味之胜，都点化出来了。秀萃堂面山傍泉，杯中茶正生自面对的峰峦，杯中水当取于近傍的灵泉。“茶烹于所产地，无不佳也，盖水土之宜。”在这里，采取龙井茶，还烹龙井水，正应了历代茶家的经验。此时，一杯在握，品茶吟联，品联呷茶，真是联以茶生辉，茶因联益醇。

杭州洪春桥“双峰插云”景名碑亭北边，有一组“茶人之家”建筑，茶室正门有一联：

一杯春露暂留客
两腋生风几欲仙

杭州龙井秀萃堂茶室门前茶联

这联语吸引了过路游客，他们驻足吟联，不由得进屋品茶，一杯色、香、味、形“四绝”的龙井茶，未饮先醉，恍如入“天堂”饮甘露，何须七碗，早已飘飘然了。这一联十四字，为品茶平添了一股神韵，一种情致。

四川成都最负盛名的“饮涛茶厅”，厅内假山拔地而起，那奇异的钟乳石、苍翠的松柏、纤巧的文竹、飞溅的喷泉，把茶厅映衬得格外幽静、飘逸。茶桌间还点缀着十多盆花木盆景。一股股馥郁的花香、茶香不时扑鼻而来，令人口生津而心欲醉。茶厅有一副楹联：

座畔花香留客饮
壶中茶浪拟松涛

联语情景交融，形象生动，而且把店名“饮涛”两字嵌镶其中，十分巧妙别致。

茶联可增添品茶情趣，据说还能招徕茶客。有人著文介绍说，成都附近一个小场上，有个茶馆兼酒店的铺子，老板姓张，名为“富才”，却无文化，铺子简陋，生意萧条。最后只好让贤，由他儿子接手经营。年轻人脑子灵光，请一位知识分子叫高必文的，写了一副对联，往门两边一贴，生意竟然一天天兴隆起来。联语是：

为名忙为利忙忙里偷闲且喝一杯茶去
劳心苦劳力苦苦中作乐再倒一碗酒来

联语幽默机趣，生动贴切，朗朗上口，雅俗共赏。引得过路人停步，观看之余，都欲“偷闲”“作乐”一番。再口口相传，名声越来越大。这副对联在清人王元春《椒生随笔》中已有记述：“湖湘间有茶亭而售酒者，柱联云：为名忙为利忙忙里偷闲吃杯茶去，劳心苦劳力苦苦中作乐斟碗酒来。见之爽然。”这副楹联可能源出自湖南，后流传四川。此中有点启迪：经营好茶室茶馆，应有一副妙联，这也算得是一条生意经。

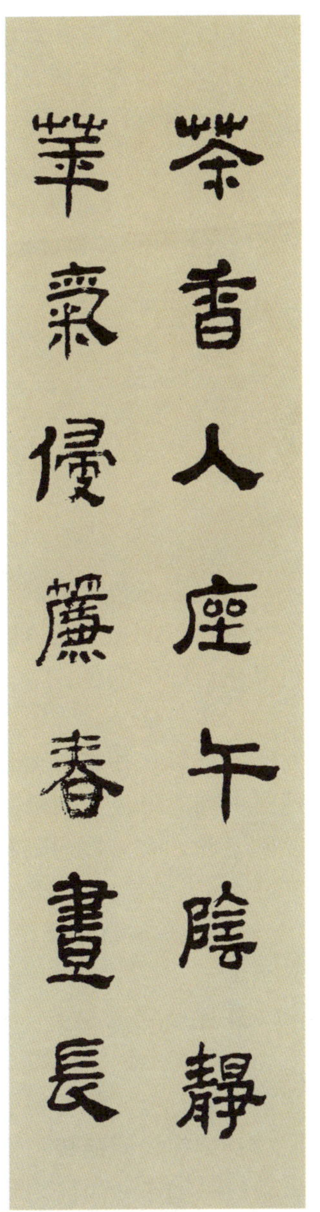

清代汪巢林所书茶联

郑板桥像

历代文人为茶作联的不少。扬州八怪之一的郑板桥，为江苏镇江焦山自然庵写过一联：

汲来江水烹新茗
买尽青山当画屏

清书法家何绍基在成都望江楼有一副对联云：

花笺茗碗香千载
云影波光活一楼

他们是品茗又赏景，既钟情于茶又流连于风光。联语表露了他们借品茗而细咀山色，衔杯而深领湖光的欢快心情。

香港著名作家梁羽生曾著文介绍过一副对得极工的咏茶联语。晚明陈子升，有一特别限制的上联：

烟锁池塘柳

这五个字的偏旁，包括了金、木、水、火、土“五行”，下联必须也有“五行”才算对得上。这个上联，长期在民间流传，不知有多少人动过脑筋来对下联，但对得工的绝少。直到二十世纪六十年代中，

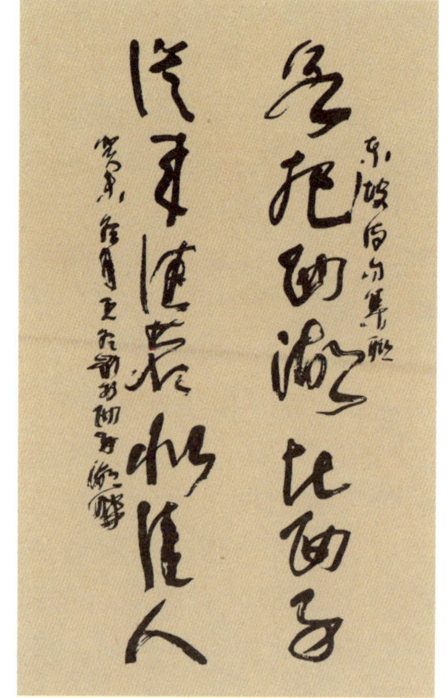

著名书法家王冬龄所书“欲把西湖比西子，从来佳茗似佳人”

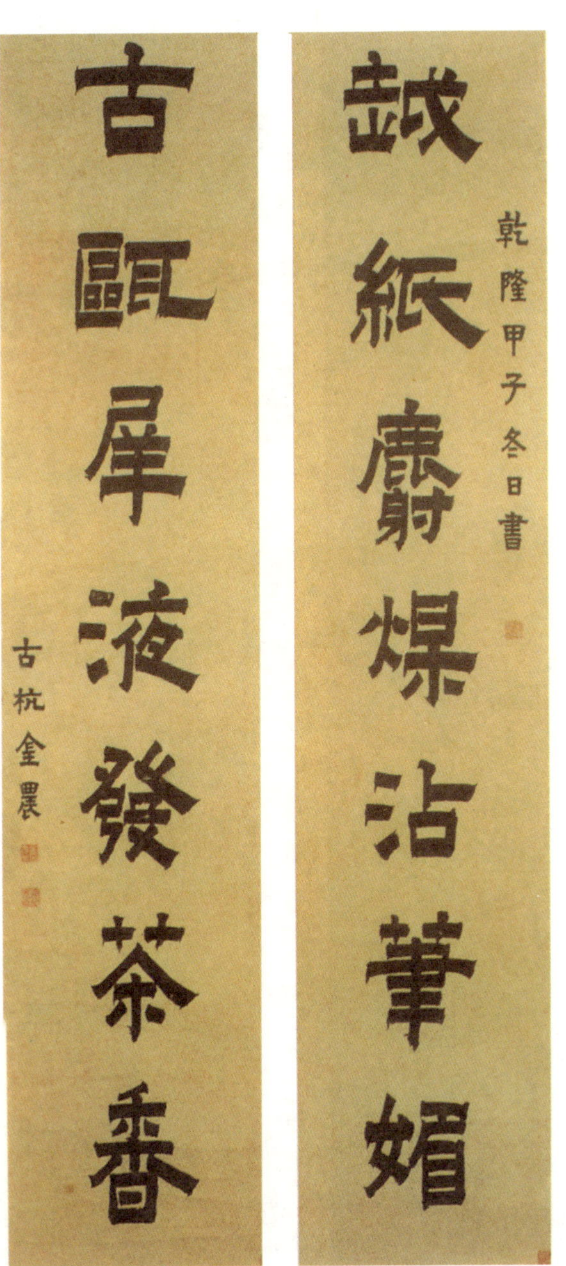

清·金农所书茶联

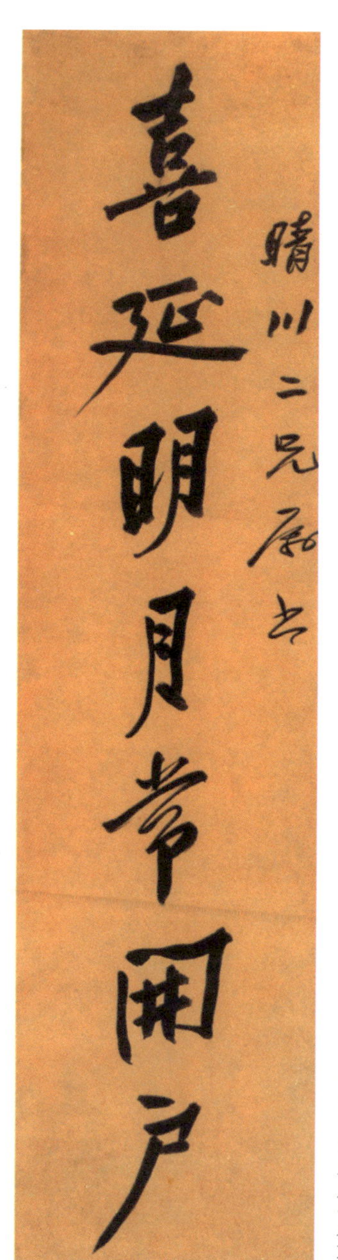

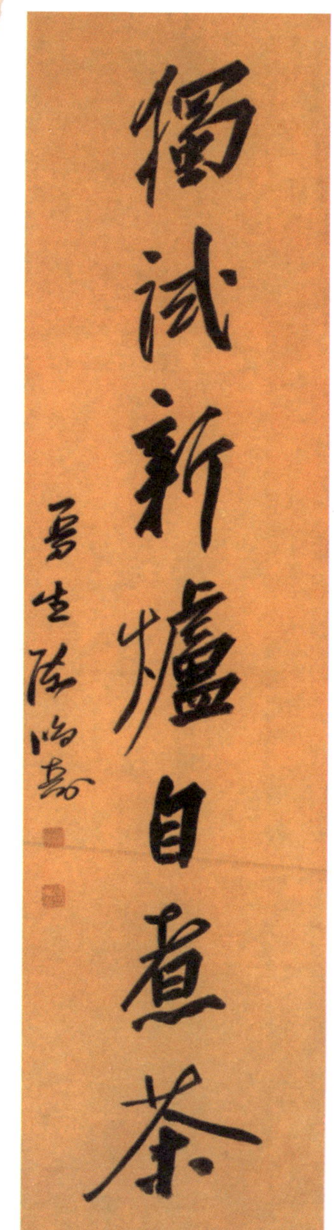

清代陈鸿寿所书茶联

清代袁枚所书茶联

北京大学的一位教授拟了一下联：

茶烹凿壁泉

上联“烟锁池塘柳”的“五行”，全在左旁；下联“茶烹凿（鑿）壁泉”的“五行”则全在字脚（“烹”字下面的四点象征火焰熊熊之貌，故在字典中此字属“火”部）。这对仗是否可谓悉称，尚祈识者，但不失为佳话一则。

戏里亦有千般茶

谈起茶与戏剧的因缘，总会先想到“茶神”陆羽和戏剧的一段缘分。唐代有一种参军戏，源起于秦汉的俳优。在五胡十六国时代，后赵石勒因一个担任参军的官员贪污官绢下狱，后寡免其罪，每逢大会，便令其穿上官服扮成参军，让别的优伶从旁戏弄他。初时，参军戏是一种惩罚性的调谑取乐。后来才成为表演形式的节目。到晚唐时期，参军戏发展成为多人演出，戏剧情节也比较复杂了。陆羽在12岁那年，逃出龙盖寺，到一个戏班子里学演戏。他微微口吃，急言善辩，诙谐幽默，具备扮演滑稽角色“参军”的条件。少年陆羽，由于天赋和爱好，演参军戏颇有成就。他还编过“韶州参军”等脚本，著有《谑谈》三篇数千言。一时被尊奉为参军戏的师长。

当然，茶与戏剧的真正结缘，表现在把茶事搬上了舞台，成为戏剧创作的题材或素材。由于元代以前的剧本未经文人加工，都没有能流传下来，有作者可考的剧本是从元代开始的。因此，茶事活动出现在剧作家笔下，也只能开始于元代了。

元代无名氏《冻苏秦》第三折有这样一段：

张千云：“点汤！”正末唱：“哇，你敢也敢走将来喝点汤喝点汤！”

云：点汤是遂客，我则索起身。”

宋元时期有设茶点汤的礼节，即客至设茶，送客点汤。剧中张千这种彬彬有礼的后面，明白表示不愿接待，以点汤示意速去。元杂剧的一个显著特点是，比诗歌更广泛地反映各阶层的生活。宋元时这一饮茶习俗，于其他诗文中都少见记载，在元杂剧中得到了形象的描述。后来清代的端茶送客礼仪，大约就始于此。

明清的戏剧家们已更多地把采茶、制茶、烹茶、品茶写入作品，搬上舞台。明代著名戏剧家汤显祖，在他的代表作《牡丹亭》里，就有不少和茶有关的情节。如《劝农》一场戏里，杜丽娘的父亲——太守杜宝，春天下乡劝勉农作。农妇们边采茶边唱道：“乘谷雨，采新茶，一旗半枪金缕芽。学士雪炊他，书生困想他，竹烟新瓦。”杜宝看到妇女们采茶，胜如采花，吟曰：“只因天上少茶星，地下先开百草精，闲煞女郎贪斗草，风光不似斗茶清。”这里，对当时雨前采旗枪，

汤显祖像

《牡丹亭》插画

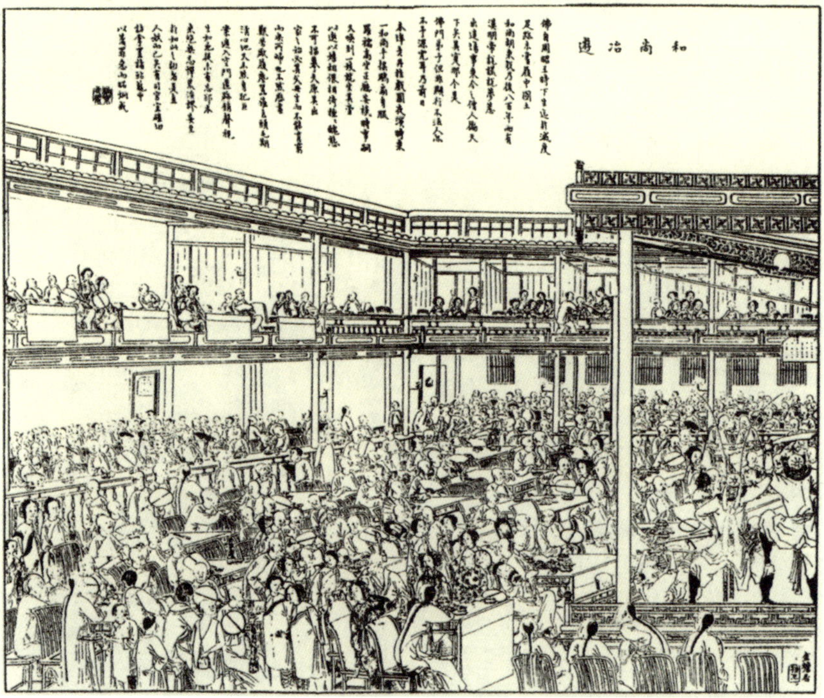

清代《点石斋画报》中的《黠贼难防》图。图中所绘系京师戏园，是典型的戏茶馆。

雪水烹香茗，以及春天斗茶，都作了生动的艺术再现。

前些年，浙江昆剧团复排名作《鸣凤记·吃茶》一折。戏是这样的：赵文华因给奸相严嵩祝寿而深得严的欢心，得以升为通政使。正在得意之时，杨继盛忍着一腔怒火前来，送来一份奏章，要赵转呈严嵩。其时，两人都借吃茶为名，旁敲侧击地展开了一场唇枪舌剑的激烈斗争。赵假惺惺地为杨奉茶，说道："此茶好颜色。"杨冷冷地回答："颜色虽好，只是不香。"赵憋着气，涎着脸又说："香便不香，甚觉有味。"杨又直顶回去："味虽有，只怕不久。"话音未落，一杯茶已泼在了地上。杨继盛借茶发挥，怒斥奸佞赵文华。这场戏就是以吃茶来推进情节的发展。昆剧中的茶戏还很多。有一折表现茶馆的戏——《寻亲记·茶坊》。写一位茶博士向微服私访的范仲淹揭露恶霸的罪行。剧中，不仅载歌载舞，唱做俱全，而且表演也从“茶”提炼。如茶博士一手撑腰，像把壶，一手弯曲，成壶咀状；抬足，摆身，恰似冲茶时茶壶三起三落的“凤凰三点头”。还有《水浒记 · 借茶》、《玉簪记 · 茶叙》、《风筝误 · 茶园》等等。这么多的茶戏，从一个侧面反映了昆剧同人民生活的密切联系，当然也说明了剧作家和表演艺术家捕捉生活的本领。

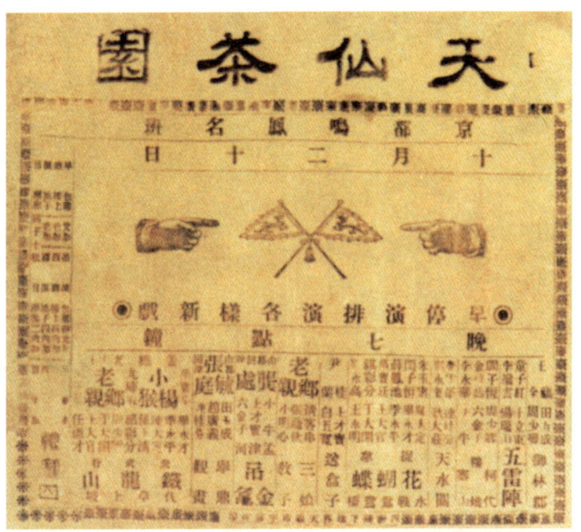

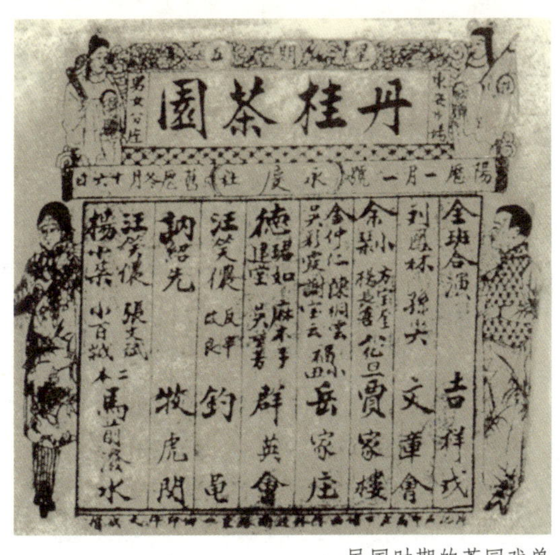

民国时期的茶园戏单

现代戏剧中，更不乏写到茶的。老舍曾领我们去逛过王掌柜父子两代惨淡经营的北京老裕泰茶馆。《茶馆》通过老裕泰的兴衰，和在这里出现的形形色色人物，反映了中国近现代50年的变迁。一个茶馆就是一个社会的缩影。

郭沫若曾同我们一起品饮过福建武夷茶。《孔雀胆》里的王妃忽的斤，在梁王宫后苑中，向宫女们传授武夷岩茶的冲泡方法，说：“在

郭沫若像

放茶之前，先要把火烧得很开。用那开水先把茶杯茶壶烫它一遍，然后再把茶叶放进这‘苏壶’里面，要放大半壶光景。再用开水冲茶，冲得很满，用盖盖上。这样便有白泡冒出。接着用开水从这‘苏壶’盖上冲下去，把壶里冒出的白泡冲净。这样，茶就得赶快斟了，怎样斟法，记得的吗？”宫女甲：“记得的。把这杯集中起来，提起‘苏壶’这样的（提壶作手势）很快地轮流着斟，就像在这些茶杯上画圈子。”宫女乙：“我有点不大明白，为什么斟茶的时候要画圈子呢？一杯一杯地慢慢斟满不可以吗？”王妃：“那样

老舍与曹禺品茶说戏

早年杭州老城区的书茶馆（吴海森摄影）

便有先淡后浓的不同。”她们把工夫茶的冲泡方法说得明白易懂，简直如在上一堂茶艺课。

曹禺曾邀我们去拜访过那位讲究喝茶的曾文清。《北京人》中的这个曾家大少爷曾文清，十分精于品茶。他喝起茶来，据其妹夫江泰说：“要洗手，漱口，焚香，静坐。他的舌头不但尝得出这茶叶的性情、年龄、出身、做法，他还分得出这杯茶用的是山水、江水、井水、雪水还是自来水，烧的是炭火，煤火，或者柴火。”可惜曾文清生不逢时，这一技之长得不到施展而穷困潦倒。

茶，不仅大量进入了戏剧舞台，在我国著名的茶叶产区江西省，还有一个以茶命名的戏剧剧种——采茶戏。采茶戏最初为茶农采茶时所唱的采茶歌，后与民间舞蹈相结合，形成了载歌载舞的采茶灯。每逢灯节或采茶季节，茶农常用这种形式即兴演出以采茶为内容的节目。后来，内容、唱腔、表演形式不断丰富，逐渐发展成为活跃于广大农村的采茶戏。如今已成为江西流行最广泛的地方戏曲。

茶为戏剧艺术提供了丰富的创作题材，戏里自然亦有千般茶。

茶事入画似读史 画中香茶更添情

茶入诗，如果把有争议的《诗经》摆开，最早是在魏晋时代，有张载的《登成都楼》、左思的《娇女诗》等。茶入画，始于何时？

美国人威廉·乌克斯在《茶叶全书》中说到了这个问题。他说："中国古代之绘画以茶为题材者殊少。惟在英国博物馆中有一幅，题名曰《为皇煮茗》，作者为明朝之周英（译音），图上

魏晋墓室壁画·侍女图

魏晋墓室壁画·进食图

绘一宫殿中之花园，地点可能为当时之首都南京。绘于一暗色之绢轴上，展轴可见皇帝高坐于皇宫之花园中。”照威廉·乌克斯说来，中国以茶为题材的画到明代才有。

画是无声诗，中国文人的传统是书画与诗文密切结合的。诗人常常兼擅书画，或画家亦长于吟咏。且国画中的人物画早在战国时代已趋成熟。因此，茶入画决不会比入诗晚1000多年的，仅从个人所已见到的或有资料稽实的，中国古代以茶为题材的绘画，非但不是“殊少”，而且历史久远，画作丰硕。早在西汉时，茶已入画了。1972年，湖南长沙马王堆墓葬中，就有一幅敬茶仕女帛画，是汉时皇家贵族烹茶饮用的写实。据考古学家的考证，这墓葬距今已有

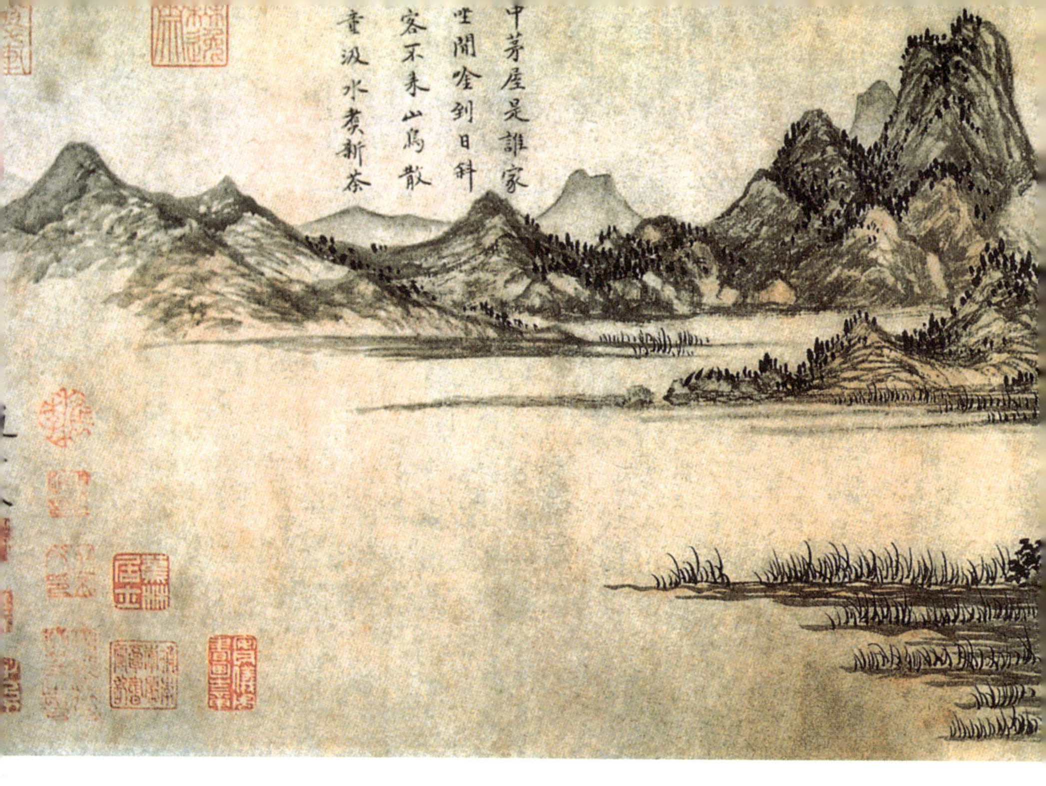

2100多年的历史了。东汉四川大邑《宴饮画像砖》中表现的，也应该是饮茶的场面。汉代是茶叶由药用、菜食而逐步转向饮用的时期。当时茶叶饮用的方式，据三国魏人张揖《广雅》记载："荆巴间采叶作饼，叶老者，饼成以米膏出之。若煮茗饮，先炙令色赤，捣末置瓷器中，以汤浇覆之，用葱姜橘子芼之。其饮醒酒，令人不眠。"画像砖右下大碗盛的就是茶末拌和葱、姜、橘子的羹汤。碗内置一长柄勺，是舀茶汤所用。

唐代是中国茶业经济和茶文化的大发展时期。"自从陆羽生人间，人间相学事新茶"。随着陆羽《茶经》的广泛传播，产茶、饮茶、品茶日渐普及，有关茶的画家、画作、画事也多了起来。《中国茶叶大辞典·艺文部》（中国轻工业出版社出版）在"茶事绘画"题下，关于唐及五代的画作有11个词条，介绍了7位画家的10幅作品。其中有6幅原作已佚，只能从不同画谱中见到著录了。还有4幅原作或古代摹本尚在，藏于国内外一些博物馆中，我们虽然难以见到真迹，

元·赵原《陆羽烹茶图》

但从照片或仿真复制品中仍可鉴赏到。这4幅作品是：阎立本《萧翼赚兰亭图》、张萱《煎茶图》、周昉《调琴啜茗图卷》和佚名《宫乐图》。唐代的茶事绘画可能不止这些，譬如新疆吐鲁番一唐墓中有幅壁画《对棋图》，画中两人对弈，旁立一侍女，手捧茶托，端茶侍候。这也该算上一件。

宋代茶画比唐代要多得多，仅《中国茶业大辞典·艺文部》所载就有16幅。南宋刘松年就有《斗茶图卷》、《茗园赌市图》、《撵茶图》和《卢仝烹茶图》4幅。画的种类比较多，有国画、壁画、石刻等。河北省文物局在宣化发掘的14座辽墓中，发现形形式式的《备茶图》多达7幅，多角度地反映了当时的丰富茶事。

元代虽只90多年历史，也有近10幅茶画传世或著录，这可能还是唐宋的遗风。著名的如赵孟頫的《斗茶图》，赵原的《陆羽烹茶图》。还有内蒙古赤峰元墓的壁画《茶道图》和山西平定元墓的壁画《夫妇事茶图》等。

清·吴昌硕《品茗图》

明清两代的茶画就更多了，而且在题材与表现形式上与唐宋时期有所不同。如果说唐宋时期的茶画多以人物为主，那明清两代的茶画则以山水画的形式为多。这与明代以后无论制茶、饮茶都更加崇尚自然有关，文人饮茶讲究环境相宜。这个话题在后面将再展开来谈。

茶画在晚清以后，又呈现出新的画貌，即以写意的花卉小品来表现茶事。早可追溯到扬州八怪的汪士慎、李鱓，之后是虚谷、吴昌硕，到齐白石等。陈师曾、丰子恺、丁聪、方成等漫画家，都曾驾轻就熟地以漫画来描绘茶事。当代画家中以茶入画最多的是刘旦宅，仅他的一本《茶经图集》，就选刊了《施肩吾品茶图》、《东坡种茶图》、《瀹茗联吟图》等16幅。当代的油画家们也纷纷以西洋技法来表达中国茶，画家朱植人因居家西湖而独钟情龙井茶，他用油画笔真是把龙井茶描摹得惟妙惟肖。

【骤雨松声入鼎来　白云满碗花徘徊】
——唐代中国人物画中的茶

茶诗可分为两大类，一类是专题的咏茶诗，如李白《答族侄僧中孚赠玉泉仙人掌茶诗》、卢仝《走笔谢谏议寄新茶》、袁高《茶山诗》等；另一类是主题并非是茶，而在吟咏中旁及到茶，如张载《登成都楼》、左思《娇女诗》、王维《赠吴官》、孟浩然《清明即事》等。茶画也相似，可分为茶事专题画和旁及茶事画两大类。从现在所能看到的唐代茶画，大多属于后一类，如阎立本的《萧翼赚兰亭图》、佚名《宫乐图》等。专题茶事绘画也有，但几乎都只见著录而未能传世，如周昉的《烹茶仕女图》，杨升的同名《烹茶仕女图》等。惟

唐·阎立本《萧翼赚兰亭图》(局部)

唐《宫乐图》

周昉的《调琴啜茗图》，传世至今，是极为难得的一幅茶事专题画。

唐代驰誉丹青又曾拜为右相的阎立本所作的《萧翼赚兰亭图》，是茶人们最为看重的一幅画。“萧翼赚兰亭”典出唐太宗朝。萧翼系梁元帝曾孙，负才艺，多权谋，太宗时官至监察御史。太宗甚爱王羲之的《兰亭序》真迹，并立下遗诏欲作陪葬品。而此前真迹在智永嫡孙会稽比丘辩才手中，于是派萧翼赚之。《兰亭序》得手后，太宗赏赐甚厚，并授员外郎。阎立本以此史实创作了这幅画。画中辩才正与萧翼侃侃而谈，一侍僧于其间。画面左下角，有一老者蹲坐于风炉前，炉火正红，锅内茶汤将沸，老者手执竹筴，刚欲入锅搅动击拂茶汤；一侍童双手端茶托茶碗，正待锅内茶汤盛碗，向宾主献茶。此画的主题虽不在茶事，却仍然是一幅生动反映唐代饮茶生活的绘画作品。但对此画自宋代以来就有争议，如宋人董逌在《广川画跋》中认为是《陆羽点茶图》。描绘的是陆羽和他的师父智积的一件轶事：“积师以嗜茶久，非渐儿(陆羽字鸿渐)供侍不响口。羽出游江湖四五载，积师绝于茶味。代宗召入内供奉，命宫人善茶者以饷师，一啜而罢。上疑其诈，私访羽召入。翌日赐师斋，俾羽煎茗，喜动颜色，一举而尽。使问之，师曰此茶有若渐儿所为也，于是叹师知茶，出羽见之。”图中画的就是“出羽见之”时的情形。且不管此画主题是“萧翼赚兰亭”还是“陆羽煮茶”，茶人关注的是右下角的煮茶场景。图中用锅(唐人称鍑) 煮茶，持竹筴击拂茶汤，茶汤分盛在茶碗里，这一切与陆羽《茶经》所记完全吻合，是《茶经》的图解。若借用刘禹锡《西山兰若试茶歌》中“骤雨松声入鼎来，白云满碗花徘徊”来题画，倒也十分贴切。此画现有两本，均系摹本，一藏辽宁省博物馆，为北宋摹本；一藏台北故宫博物馆，为南宋摹本。

如果说《萧翼赚兰亭图》向我们展示的是唐代如何煮茶，那佚名《宫乐图》展示的是唐代如何饮茶。《宫乐图》亦称《会茗图》，描绘宫廷仕女围坐长案娱乐茗饮的盛况。图中的人，或坐或站于长案四周。长案正中置一大茶碗，碗里有一长柄茶勺，一女正操勺，从大茶碗舀茶汤于自己茶碗内。画中其他人物，有正在啜茗品尝的，也有在弹琴或吹箫的。沈从文先生《中国古代服饰研究》采录此画，并评述说："旧题宋人绘，又作元人绘。其实妇女衣服发式，生活用具，一切是中晚唐制度。长案上的金银茶酒具和所坐月牙几子，以至案下伏卧的猖子狗，无例外均属中唐情形。因此本画即或出于宋人摹本，依旧还是唐人旧稿。"该画今已成为考稽中晚唐茶事的珍贵资料，画藏台北故宫博物院。

周昉的《调琴啜茗图》和《宫乐图》一样，描绘的都是仕女饮茶场景，但也有不同，《宫乐图》饮茶在宫庭室内，《调琴啜茗图》则啜茗在室外庭园。周昉图中五人，由姿态判定三主二仆，主人中一人抚琴，两人倾听，其中一女身着红装，正执盏于唇边，目光对着抚琴之人，另一人拱手侧首，安闲远视，另两女仆，都端盘侧立侍茶。一静一闹，也是两画的不同。《宫乐图》是十多人聚会，多种器乐合奏，合饮大碗末茶；《调琴啜茗图》是几人散坐一人独奏，分杯品茗。闹趣、静意，各显其妙！

唐 · 周昉《调琴啜茗图》（局部）

【相传煎茶只煎水　茶性仍存偏有味】
——宋代中国人物画中的茶

樵青竹里为煎茶(唐·谢薖句)，
蓬山点茶竹荫里(宋·晁补之句)。

同样是在竹下饮茶品茗，唐人诗句中称“煎茶”。宋人吟唱中则为“点茶”。反映出唐宋两代茶的烹煎方法的区别。

在叙述茶的历史时有一种说法“茶兴于唐，盛于宋”。这仅是从提倡茶的细煎慢啜，形成饮茶艺术而言。陆羽规范了茶的煮饮方法，改变了茶与葱姜枣橘及茱萸薄荷等同煮的积习，茶的清饮始为时尚。宋代的点茶法，更是一扫煮饮法，提倡精于功力的点茶法。因此，宋末蔡绦在《铁围山丛谈》中说：“茶之尚，盖自唐人始，至本朝为盛，而本朝又至祐陵（即宋徽宗赵佶）时益穷极新出，而无以加矣。”宋徽宗在《大观茶论》中也说：“近岁以来，采择之精，制作之工，品第之胜，烹点之妙，莫不盛造其极。”

唐宋两代茶的不同烹煎方法，在茶书中有记，茶诗中有述，在茶画中同样有表现。宋人茶事绘画中所出现的饮茶场景，几乎都是煎茶不煎水的点茶了。在这方面画作最多、表现最真切细腻的是刘松年。他作有《卢仝烹茶图》、《斗茶图卷》、《茗园赌市图》、《撵茶图》等，从不同侧面反映了文人雅士与市井百姓点茶、斗茶的活动。工笔画《撵茶图》，描绘了宋代点茶时从磨茶、煮水、调膏到冲点的场景。画中有一人跨坐凳上推磨磨茶，出磨的末茶呈玉白色，当是头纲芽茶；另一人伫立桌边，桌上有茶罗、茶盒、盏托等，此人正提着汤瓶点茶，左手桌角处是一柄茶筅，下一步骤将是用茶筅击拂茶汤；桌子一边是煮水的炉、壶和茶巾，另一边是贮泉瓮，瓮下有座，瓮上有盖，可见瓮中甘泉之珍贵。《撵茶图》还有另一半，三人围书案而坐，一僧人正握管书写，两人注目凝视，冲点的茶该是供

南宋 · 刘松年《撵茶图》

他们品尝的了。

宋代盛行斗茶之风，上自王室宫廷，下至平民百姓，都好“茗战”。刘松年的《斗茶图》描绘的是民间斗茶的情景：四个茶贩在买卖之余，巧遇(或许是相约)一起，息肩于树阴下，各自拿出绝招，斗试较量，个个神态专注，动作自如。图卷上方有卢仝《走笔谢孟谏议寄新茶》诗，为明代杭州人俞和所书，显系后来续补。刘松年的《茗园赌市图》是《斗茶图》的姐妹篇。主要人物仍是四茶贩，场景则是在集市内。四茶贩中或提壶斟茶，或举杯啜茗，或品尝回味，左旁一老者拎壶路过，左边一挑担卖“上等江茶”者，驻足观“斗”，再右有一妇女拎壶携孩童边看边走，生动真切地纪录了南宋的市井面貌。

已经出土的辽金墓室壁画中有大量反映当时墓主人饮茶生活的

南宋 · 刘松年《茗园赌市图》

作品，这是宋、辽、金时代茶艺的生动写真。河北张家口市宣化下八里村先后发掘9座辽墓，墓葬年代在辽道宗大安九年(1093)至天祚帝天庆七年(1117)。其时，正当北宋宋徽宗的崇宁、大观、正和年间。9座墓中8座有与饮茶相关的壁画，展现了一系列备茶的操作程序，如选茶、碾茶、烹水、点茶等，反映了饮茶在当时社会生活中所占的重要位置。

张匡正墓壁画《备茶图》，画面由5人组成，正前一双髻男童，半侧而坐，身前放一茶碾，双手推着碾轮，茶碾一边是茶罗和茶盘。茶碾前面有一茶炉，上坐执壶，炉前一髡发童子双膝跪地，为求“活水还须活火烹”，口中含管用力向炉口吹气。这幅《备茶图》按宋代点茶的程序，是属于碾罗末茶和选水煮汤的步骤间。张世卿墓后室壁画中的《备茶图》，则已进入汤熟冲点阶段。画面中间是一张方桌，桌上有白瓷碗、勺、食盒、漆盏托、白瓷盏。方桌左侧一人，头戴黑色软巾，身穿黄色窄袖长衫，褐色内衬，腰系红色革带，脚穿黑靴，左手持带漆托的白瓷盏，右手持茶筅，似还在击拂茶汤。右侧一人头戴绿色软巾，身穿褐色团领窄袖长衫，腰系革带，脚穿尖头靴，左手扶桌面，右手持执壶，似是刚刚注汤完毕。以上两幅壁画连接起来，基本展示了宋代点茶的操作程序。

辽墓壁画《备茶图》

辽墓壁画《备茶图》

张文藻墓前室东壁的《童嬉图》，虽描绘的是一群儿童

辽墓壁画《进茶图》

辽墓壁画《童嬉图》

嬉戏风趣的场面，其实是从另一侧面反映了宋辽时期的茶艺生活。图右有4人，一为着契丹装的男童，双脚跪地，两手扶膝，用力支撑着；男童肩上站一女童，双手伸向高挂盛满桃子的竹篮；另有一男童正双手撩起衣袍前襟，兜内盛满桃子；有一年轻貌美女子，装饰华丽，像是主人，右手拿着桃子，左手指向取桃女童，揣其意似在申斥：碾茶童为何不碾茶，煮水女不去扇炉！值得注意的是散落在画面上的茶具。两个男童间放置一只铸铁茶碾，船形碾槽中有一砣轴。茶碾旁边有一黑皮朱里圆形漆盘，盘里放着茶饼和曲柄锯子、毛

辽墓壁画《备茶图》

刷，分明是茶饼先要用锯子分割成小块，再上茶碾粉碎碾末；在莲花座的茶炉上置一执壶，炉前一曲柄团扇；朱色方桌上摆放茶盏、盏托、茶罐、茶食盒等。这里有一套完整的点茶器具。

宣化辽墓中这些反映当时饮茶生活的壁画，不仅形象地反映了辽代晚期的烹茶品茗方式，图中仔细描绘的茶具，还弥补了遗世文物之不足。

谈到宋代茶事绘画，不能不提张择端的《清明上河图》。这是一幅著名的古代民俗风光画卷，被称为中国画苑中的瑰宝。画的是北宋汴京(开封)东郊虹桥一带的风光人物。画家对市街上的各种商业、手工业活动作了精密详尽的描绘。这中间，除了酒楼、药铺等大型的店铺外，可以看到在十字路口还有茶铺。艺术地再现了古代茶馆的风貌。

宋 · 张择端《清明上河图》（局部）

【买得青山只种茶　峰前峰后摘春芽】

——明清时中国山水画中的茶

买得青山只种茶，
峰前峰后摘春芽。
烹煎已得前人法，
蟹眼松风娱自嘉。

这是唐寅在《品茶图》中的题诗。图中茶山蓊郁，树吐新芽。在茶山下树丛中，茅屋两间，错落相连，前间面南敞门，正中一儒生端坐，右手持茶盏，左手捏着书卷。左角一童子正在扇炉煮水，头向右转去，若正与主人在言茶事。后间门南窗东，屋内一老者与一童子，似在炒制春茶。这画是诗的图说，诗则是画的解述，共同表

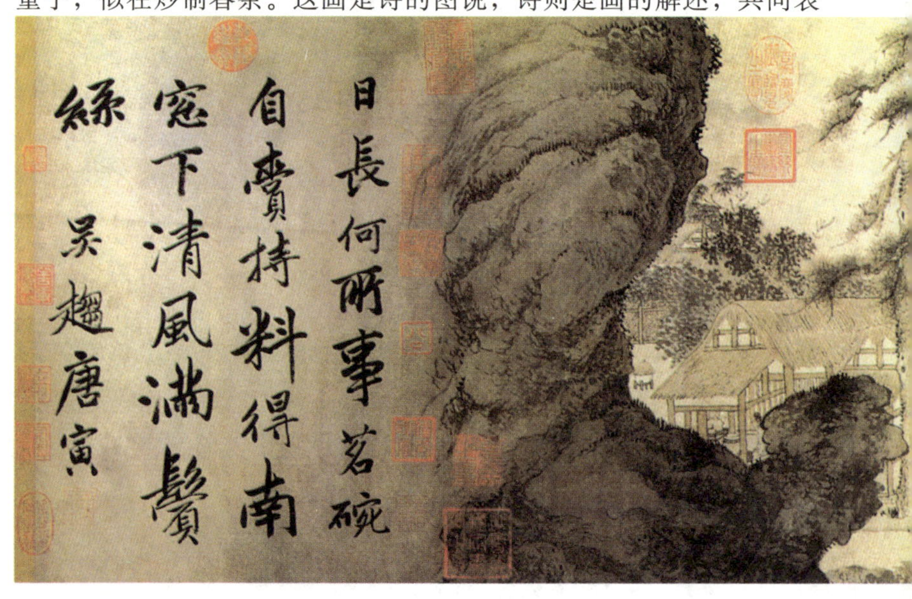

述了作者迷恋茶山，品茶养性的心迹。

《事茗图》是唐寅另一幅享有盛誉的作品。图中描绘了文人学士优游林下，夏日相邀品茶的情景。青山环抱，林木苍翠；环绕小村的溪流，若潺潺有声；参天古树下，有茅屋数椽，屋内一人正持杯端坐，若有所待，左边侧屋一人在静心候火；屋右小桥上一老叟手持拐杖，缓缓走来，随后跟一抱琴小童，似是应约而来。画幅后有自题诗一首，明白道出了作画时的心绪，诗曰：

日长何所事，
茗碗自赏持。
料得南窗下，
清风满鬓丝。

诗言漫长的白天无所事事，即在南窗下捧着茶碗品茗，清风吹

明·唐寅《事茗图》

来，连银色的鬓发都有感觉，自有一种乐趣。

三百多年后，清仁宗(爱新觉罗·颙琰)趁暇展读此画，忆及惠山竹炉煮茶，兴之所至，吟诗一首题于画右角：

记得惠山精舍里，
竹炉瀹茗绿杯持。
解元文笔闲相仿，
消渴何劳玉常丝。

诗后有跋："甲戌闰四月雨余暮暇，偶展此卷，因摹其意即用来中原韵题之，并书于此。御笔。"

读唐寅《品茶图》、《事茗图》及两首题画诗，深深被作者那种在山水佳处品茗休闲，但求天人合一，自然和谐的情趣所感染。其实，明代嗜茶的画家极大多数都爱在青山绿水大自然中品茶。因此，传世的茶事画以山水画为多。这亦是明代茶事绘画的一个明显特点。

与唐寅齐名的"吴门四家"中的文徵明、仇英、沈周他们的茶画，几乎都可归在山水画一类中。

文徵明的《惠山茶会图》、《乔林煮茗图》、《林榭煎茶图》、《松下品茶图》，从画的题名看，就可约略知道画家的创作意图，着力营造啜茶品茗的自然环境，让山水因茶而更具生气和灵动。《惠山茶会图》绘于正德十三年(1518)清明时节，是一次茶会的图录。那天作者偕同好友蔡羽、汤珍、王守、王宠、潘和甫及朱朗七人，游览无锡惠山饮茶赋诗。画的右部是半山碧松之阳，有两人踱步山径，边行边谈，一少年沿山路而下；左部茅亭中两人围井栏坐就，谈兴正浓，支茶桌、茶灶于一旁，列铜鼎石铫之属，一童子在候汤，茶桌边有一人双手作揖，正在迎接另两茶友的到来。这幅画体现了文徵明早年的山水画细致清丽、文雅隽秀的风格。画引首处有蔡羽书《惠山茶会序》，后纸有蔡羽、汤珍、王宠各书纪游诗，诗画相应，抒性达意，是书画与诗文结合的茶事书画珍品。

明·文徵明《猗兰小景》(局部)

仇英的《松溪论画图》和《园居图》，虽主题并不在茶，但展卷读画，还是茶香扑鼻。《松溪论画图》原本旨趣在论画，两位画家在山谷林下席地而坐，身旁有一石桌，上置书画，两人正扬榷古今，议论风生。画左有题跋曰："吴郡仇英为溪隐先生制。"由此推想，画中两位论画者可能即为溪隐和仇英。画家爱茶，图中另设茶灶一副，炉、壶、炭、扇一应俱全。两个童子专司茶事，一个执扇煮泉，一个提壶汲泉，各司其职，悄无声息。画家借品茶促思而助谈，虽非专为写茶，却抒发了画家慕茶之情。明人许次纾《茶疏》有"饮时"一节，开列最宜饮茶的二十四个场合，其中有"鼓琴看画"、"茂林修竹"两条，《松溪论画图》正合此理。仇英另有一幅《松亭试泉图》，画中峰峦峥嵘，在云雾间半掩半露，近处陡峭的山岩间，一挂飞瀑跌成数叠，曲折流至松林溪间，临溪一歇山重檐松亭，亭中隐士品

茶赏景，童子蹲着煮茶，亭外溪边一童子正持瓶汲泉。画家画出了一片娱性怡情的天地。

沈周据有关著述曾作有《醉茗图》、《会茗图》和《火龙烹茶》等，可惜都已佚失，无缘赏读，有幸还能读到《醉茗图》题诗："酒边风月与谁同，阳羡春雷醉耳聋。七碗便堪酬酩酊，任渠高枕梦周公。"震耳欲聋的"阳羡春雷"，唤醒了茶山，催绿了茶树，此时身居茶山，学一回卢仝连饮七碗，茶亦醉人，竟随庄公梦蝶。诗为画之声，画为诗之形，诗画共同表达的是天地和气、自在出世、物我两忘的心境。

翻阅画史，中国山水画源远流长，独立的山水画正式发创早在魏晋南北朝间，这与中国茶文化发展的初潮时期不谋而合，茶与山水画结下了最初的缘分。为什么直到1000多年后的明代，才出现相当数量以茶为题材的山水画?这是值得画家与茶人共同关心和探讨的问题。山水画在中国画历史进程中得到突出发展是在元代以后。而中国茶的采制和饮用，正是在元明期间得到了一次蜕变，即在制作上从采鲜叶经蒸青后压制成团饼茶，改革为采鲜叶经烘炒制成芽叶完整的散茶。使茶叶保持天然的本色、真香、原味。在饮用方法上由团饼茶炙烤、碾末、冲点，改革为散茶直接撮泡法。这种茶叶制作和饮用上的崇尚自然，返璞归真，与山水画家的自然观、审美意识是十分契合的。同时，茶叶泡饮方法的删繁就简，为在山林野外饮茶创造了有利条件。明代画家多在青山秀水佳美处邀友品茗或举办茶会，亦是生活的真实。

清代以山水画来抒写茶事的仍不少。如阮元曾有《竹林茶隐图》，原画今未见，好在有《画竹林茶隐图小照自题一律》还能读到。诗前有序云："时督两广，兼摄巡抚印。抚署东园，竹树茂密，虚无人迹。避客竹中，煮茶竟日，即昔在广西作一日隐诗意也。画竹林茶隐图小照，自题一律。"其诗曰：

万竿修竹一茶炉，

明·沈周《惠山茶会图》

明 · 蓝瑛《煎茶图》（局部）

试写深林小隐图。
岂得常闲如圃老，
偶然兼任亦吾庐。
传神入画青垂眼，
揽镜开奁白满须。
二十余年持使节，
谁知披卷是迂儒。

园林为城市之山林，园中啜茗，读书作画，当是人生一乐。身为两广总督的阮元忙里偷闲，作一日之隐，亦殊为难得，故以诗画纪其事，并抒写心怀。

还值得一提的是生于清末的溥儒，他有一幅《空山煮茶图》，画面清丽洒脱，山中人家居屋简朴，山林清寂。令人玩味的是，名为“煮茶图”，画中却无一人物，亦无饮茶壶具，煮茶品茗情趣尽在画外。画家有题款云：

西风吹橡叶，
摇落满山家。
石径无行迹，
空山自煮茶。

这幅画不仅可看可赏，还可听、可闻。满目青山，松涛盈耳，活火嫩汤，茶烟琴韵，这独烹独啜的乐趣，悉听观画者去自由联想了。

【饮时得意写梅花　茶香墨香清可夸】

——清以来中国花鸟画中的茶

清代茶事绘画中，有属山水画的，如王翚的《石泉试茗》、金廷标的《品泉图》、董诰《复竹炉煮茶图》、阮元《竹林茶隐图》等；也有属人物画的，如金农的《玉川先生煮茶图》、钱慧安的《烹茶洗砚图》等。然而，清代茶事绘画中最有特色的是花卉小品。

“扬州八怪”之一的汪士慎(号巢林)，原籍皖南歙县，家住黄山脚下一个产茶的富溪村。巢林嗜茶如命，自述“茗饮半生千瓮雪，蓬生三径逐年贫”，有“汪茶仙”之号。在扬州的日子里，他看不惯崇尚浮华之风，住在一条幽深的巷子里，关起门来，焚香、品茶、吟诗、作画。巢林擅画梅，53岁时一目失明，还顽强地凭着晴窗微光，睁大右眼，蒙蒙胧胧地画梅花、写八分书。乾隆六年(1741)，“扬州八怪”中的高翔(号西唐)专为巢林作《煎茶图》，并题诗一首：

巢林先生爱梅兼爱茶，
啜茶日日写梅花。
要将胸中清苦味，
吐作纸上冰霜桠。

汪巢林得图后绘《墨梅图》长卷。画面是横杖铁干满缀花蕊的墨梅，似乎未涉茶事，但从画左的题诗可知，此画实系为饮茶得意而作。题画诗云：

西唐爱我癖如卢，
为我写作煎茶图。
高杉矮屋四三客，
嗜好殊人推狂夫。
时予始自名山返，
吴茶越茗箬裹满。
瓶瓷贮雪整茶器，
古案罗列春满碗。
饮时得意写梅花，

清 · 钱慧安《烹茶洗砚图》

茶香墨香清可夸。
万蕊千葩香处动，
横枝铁干相纷拿。
淋漓扫尽墨一斗，

越瓯湘管不离手。
画成一任客携去，
还听松声浮瓦缶。

缘茶寄情，托茶言志。汪巢林以写梅来抒发茶情，只为画家和梅花、香茶一样，共有一个“清”字。因此，在茶事花卉画作中，梅花是画得最多的。

“扬州八怪”中的另一位画家李鱓，作有一幅《壶梅图》，是画家的花卉册页之一。图中用简笔勾勒了一把素净的花壶，又泼墨写出一折枝梅花，再以枯笔摹写一柄大而破的芭蕉扇。画意萧散淡远，用笔简练流畅。图上幅有一长题，游行自如，情景交融，内容是：“峒山秋，片茶烹惠泉，贮砂壶中，色香乃胜。光福寺梅花开时，折得

清 · 高凤翰《案头清供》

清 · 李鱓《梅壶图》

一枝归，吃两壶，尤觉眼耳鼻舌俱游清虚世界，非烟人可梦见也。”画家对赏梅品茶，没有作具象的描头描脚，而是通过一壶一梅的写

意，以及题款的抒怀，突出壶与梅的神采，表达自己的情意和追求。在“不似之似”间，取得以少胜多的艺术效果。

自称是李鲤族侄的李方膺（字晴江），有一幅《梅兰图》。夏衍先生曾藏，后捐赠浙江省博物馆。画面后上是瓶中一枝梅，疏影横斜，孤清冷艳；左侧有惠兰一盆，婀娜飘逸，洒脱自如；梅兰前置一壶一杯，造型朴拙，形态可人。画的下半幅是飘逸洒脱的长题，所题文字与李鲤《壶梅图》所题相同。李方膺曾前后从政为官30年，历任乐安、兰山、潜山县令，又曾三次触犯太守，弄得一肚子冤气，彻底看透了官场的腐败，最后，不明不白地丢了官。经过宦海风波，晴江不得不以丹青逃世。平生喜作松兰竹菊，尤爱画大幅梅花。此画作于乾隆十六年(1751)，画家已56岁。他在画中所题“(梅花)折得一枝归，吃两壶，尤觉眼耳

清 · 李方膺《梅兰图》

鼻舌俱游清虚世界，非烟人可梦见也”。是他经历宦海沉浮后的人生体悟。

近代海上画派领军人物吴昌硕，画过两幅茶事画。一幅是水墨《壶茗图》，画面右半设泥炉砂壶，炭火正炽；左半置一本梅枝，花萼粲然；泥炉下立一柄大芭蕉扇，半倚泥炉半靠梅，似是扇旺了炉火，也催开了梅花。画上方有题款曰：“阿曼陀室有此意，娄抚不得其味，兹以武家林石画参用，庶几形似而已。苦铁(吴昌硕别号)。”画家谦称此画仿陈鸿寿(号曼

清·吴昌硕《煮茗图》

生，有“阿曼陀室”印览)画意。此画大片留白，笔墨简洁，似是一目了然，却又百看不厌，给读画人留下了充裕的联想空间。颀长的泥炉，圆浑的水铫，珠联璧合；炉中烧的是可代炭用的树根疙瘩(榾柮)，正活火吐舌；绽放的梅枝告诉你，室外正风雪封冻。画家在画的左边缘处又题一款：“正是地炉煨榾柮，熳腾腾处暖烘烘。缶道人草草弄笔。岁丁未四月。”此题款给画面平添一分意兴，给人一种冬日赏梅品茶之惬意。

缶翁作上画时64岁，10年后他又作《品茗图》。因为是品茗而不是煮茗，所以画中没有了炉，只有一壶一杯，却仍有梅枝。画右部似随意点染，淡彩轻扫，画出一把瓷壶，壶形古雅朴拙；瓷壶旁只数笔勾勒出茶杯一只，笔触淡如轻烟；杯壶上有梅花数枝，自右上一直向左下斜出，俯仰、正侧、向背、交叠的梅枝与花萼，百般姿态，生动有致。点画之睛在左上的题记：“梅梢春雪活火煎，山中人兮仙乎仙。禄甫先生正画，丁巳年寒。”画家向往摆脱世间尘俗，

清·吴昌硕《品茗图》

与三二子扫雪煮茗，品啜梅下，谈诗论画，这种隐逸生活，哪怕一日半天也是好的。此画与《煮茗图》可称双璧。

与茶的性气相求的，除了梅花以外就是菊花了。“采菊东篱下，悠然见南山。”躬耕隐居的田园生活，一直为古代文人所企求。茶仙陆羽也爱菊，皎然《寻陆鸿渐不遇》诗有句：“移家虽带郭，野径入桑麻。近种篱边菊，秋来未著花。”陆羽的居处也是菊花为伴，只是他经常深入茶山，疏于料理菊花，虽秋天已至却仍未开花。皎然另有一首《九日与陆处士羽饮茶》：

九日山僧院，
东篱菊也黄。
俗人多泛酒，
谁解助茶香。

农历重九日，“俗说以重九相会，登山饮菊花酒，谓之登高会，又谓之泛菊会”(《风土记》)。其实呢，饮茶赏菊，才是真正的三秋雅事。另有一种茶菊可以入茶。《花镜》载：“一种单叶紫茎，开黄白小花，气味甘香者名茶菊，虽不足观，泡茶入药所必需。”如果说，唐时菊茶之缘尚少为人所知晓，因而有皎然的感叹，“谁解助茶香”。那到了清代之后，菊花入茶，赏菊品茶已普遍为人所解，在画家们的作品中也多有反映。

嗜茶爱梅的李鱓，也十分钟情于菊。他那幅《三秋图》，别出心裁地以茶壶插菊，让茶的甘露滋润黄菊，以示心中永远保持茶与菊的清丽高洁。画左的题款也十分耐心咀嚼：“三秋全为草难忙，瓦罐茶铛插栽黄；犹有一枝安顿未，酒瓶空后再商量。”

同样嗜茶爱梅的吴昌硕，也有一幅水墨花卉小品《黄华灯影》。画面是一壶、一菊、一盏灯，分明是秋日晚凉。茶菊相伴，灯下夜读，或是友朋相聚，西窗剪烛。

蒲华的花卉册中也有一页“壶与菊”。一把紫砂提梁，一枝盛开

清 · 蒲华《茶熟菊开图》

着的菊花。如果说这画面上的壶与菊是静态的，那画上的题款给静物以生气和情感："茶已熟，菊正开，赏秋人，来不来"。在举办赏菊茶会时，若把此册页制作成一份请柬，实在太妙了。

还有，虚谷的《茶壶秋菊》和《菊花》两幅，幅式很小，造型简略，构图生新，令人耳目一新。《茶壶秋菊》构图至简，一朵菊花，枝干直上，在清淡之中又显出精神倍出；一把提梁壶，干笔画线，清劲利落，憨态可人。《菊花》中的菊叶是大块大块的浓墨点染，而壶是淡彩焦墨。画家抓住壶与菊最本质的体态和表情，超然象外，透彻传达了自己对茶俭、菊淡的理解。

齐白石是20世纪继吴昌硕之后又一位大师。他创作过多幅茶与梅的画。1930—1940年间有一幅《寒夜客来茶当酒》，1940—1945年间有《梅花见雪更精神》。

这两幅画的构图、设色大同小异，意境相似，茶在画中尚属配

齐白石《梅花茶具图》

齐白石《茶具图》

角而已。1955年又作一幅《茶具梅花图》，显然，茶已成为主角，与梅同等。热烈奔放的红梅，朴拙沉稳的茗壶，这里得到了完美结合，动静平衡了，艳淡谐和。更为特殊的是此画是赠给毛泽东主席的。齐白石与毛泽东同为湖南湘潭人，1950年春，毛泽东邀画家到中南海茶叙，并共进晚餐，席间毛泽东诙谐地说："你原名纯芝，我原名润芝。你我可称得是同乡兄弟，你年长，我该尊你声老哥哟。"两人共嗜茶，又同爱梅，一幅《茶具梅花图》体现了共同的志趣和久长的情谊。齐白石写茶事的画还有不少。大约在1940年作过一幅《煮茶图》，一只炭炉，一把泥壶，一柄破芭蕉扇，加上火夹、木炭，以淡彩淡墨，描绘了普通百姓的平淡茶事。

当代中国著名花鸟画的画家中，以茶入画的很多，如吴茀之的《茶熟》、唐云的《雅趣图》等等，佳作不断，数不胜数。

齐白石《煮茶图》

【不是茶家却爱茶　亦雅亦俗尽入画】

——现代漫画中的茶

翻开《中国大百科全书》的美术卷，在“绘画”条下，列有30来个画类种别，发现极大多数都有表现茶事的作品。这里仅说说漫画中的茶。

漫画在中国虽然古已有之，但作为一个独立画种的形式是在清末民初，而统一使用“漫画”名称，是当丰子恺漫画在《文学周报》上刊出后。丰子恺漫画有很大一部分是生活的速写，喝茶是他画得比较多的一个题材。最受赞誉的是《人散后，一钩新月天如水》。画的是廊下栏杆旁的一张桌子，桌子上凌乱地放着茶壶茶杯。帘子卷着，天上只有一弯残月。夜深了，夜气凉了，乘凉的人散了……叶圣陶先生评其画说：“画面表现的正是这些画不出来的情景。”郑振铎读此画后著文说：“虽然是疏朗的几笔墨痕，画着一道卷上的芦帘，一个放在廊边的小桌，桌上是一把壶，几个杯，天上是一钩新月，我的情思却被带到一个诗的仙境，我的心上感到一种读不出的美感。”同是以《人散后，一钩新月天如水》为题，丰子恺在晚年又画了一幅设色的。地点相同，仍是新月的日子。不同的是桌子两边新添了藤编圈椅，桌上茶壶、茶杯换掉了简便的粗瓷，新置了精巧的细瓷，栏杆外有浓郁的绿荫。显然后一幅画所展现的时代，物质条件比以前丰富了，环境也更清幽了，画外的乘凉品茶的人也许有了变化，但他们的心景，仍然保持着那份清静与平和。

丰子恺有好几幅写实当时茶馆的漫画。一幅《话桑麻》，写的是家乡桐乡石门湾的小茶馆，农民出市，在茶馆歇脚，三五人围坐，伸腿搁脚，随意自在，边喝茶，边话桑麻，通信息。这是当时农民最称心惬意的事了。还有两幅同题的《茶店一角》，则是反映当时茶馆的另一种氛围。抗日战争胜利后，国民党加紧统治，老百姓失去了

丰子恺的两幅“人散后，一钩新月天如水”

言论自由，茶馆里贴着“莫谈国事”的纸条。丰子恺目睹此状，义愤于胸，形之于画，这是当时茶馆的真实写照。

清末民初，诗书画印四艺皆精的陈师曾创作了一部《北京风俗人物谱》，其中有《墙有耳》一幅：图中有两名密探站立茶馆门外，窃听打探茶馆动静。画左有题跋：“莫谈国事贴红条，信口开河祸易招；子细须防门外汉，隔墙有耳探根苗。”漫画中的两个密探，犹如老舍《茶馆》中二灰衣人——宋恩子和吴祥子。剧中的时代和画的背景相同。此画与丰子恺的《茶店一角》同属讽刺漫画。真是“小茶馆，大社会”，小小的茶馆也映现了当年的政治风云变化。画也表现了两位画家对民主自由的向往。据介绍陈师曾的漫画对丰子恺的

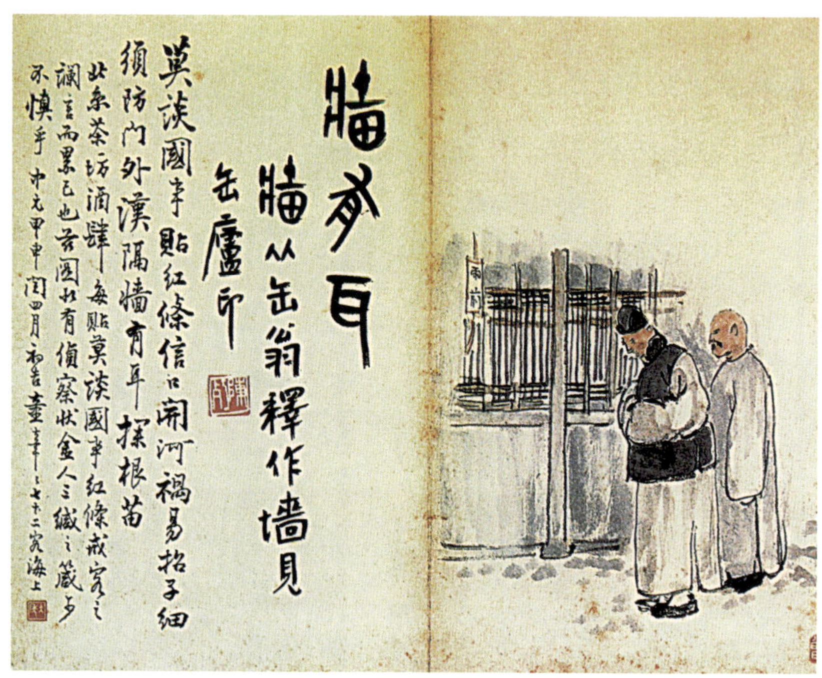

陈师曾《北京风俗人物谱 · 墙有耳》

艺术创作有着很深的影响。

丰子恺还有几幅抒写茶事情趣的漫画，让人读后难忘。一幅是《山路寂，顾客少，胡琴一曲代RADIO》，丰子恺在杭州西湖山中一家小茶馆里拉琴，这是1935年秋的一件实事：他带了两个小女儿去游玩，忽然遇雨，于是躲雨躲进了茶馆。茶渐渐淡了，雨却未见小下去，两个小女儿不耐烦了。凑巧茶馆有把二胡，曾经吃过七八年音乐教师饭的丰子恺，驾轻就熟地操起琴来。他还有文记其事："在山中小茶店里的雨窗下，我用胡琴从容地(因为快了怕拉错)拉了种种西洋小曲。两女孩和着了歌唱，好像是西湖上卖唱的，引得三家村里的人都来看。一个女孩唱着《渔光曲》，要我用胡琴去和她。我和着她拉，三家村里的青年们也齐唱起来，一时把这苦雨荒山闹得十分温暖。"这或许是山中小茶馆有史以来最辉煌的一日。

《青山个个伸头看，看我庵中吃苦茶》，此画作于抗日战乱时，背井离乡，避难于山中。此时画家在山庵独啜，庵中人与庵前山头互为对景，亦在互相倾诉。画家杯中苦茶，是战乱生活的体验，亦是画家热爱生活的表现。

《茶壶的 KISS》，画办公室一角，对接的两张办公桌上，各有一把茶壶，一是细瓷手把壶，一是铜(或竹)提梁粗瓷壶。两壶壶嘴相对，亲密接触，看到这两把壶，使人忍俊不禁，又发人遐想，产生无穷乐趣。“这种乐趣超越了形似和神似的鉴赏，而达到相与会心的感受。”(叶圣陶《子恺的画》)

我国许多著名漫画家都有关于茶事的作品。叶浅予1936年在南京时画过一《茶楼侍者》，画中两个茶博士相遇，一个正从茶座下来，嘴上刁着一根刚才茶客送的香烟，还未点着火；另一个刚离茶灶，正在点根烟稍歇，见同伙走来，便主动擦着火柴给点烟。画家为我们素描了两位旧日茶博士的形象及他们的生活一角。

漫画家方成曾以漫画的艺术手法为北京电影制片厂拍的老舍《茶馆》画过海报。还画过大幅《陆羽

丰子恺漫画

叶浅予《茶楼侍者》

夜写茶经图》，他在一篇文章中说到此事：“茶叶公司找上门来，要我画大幅裱在墙上的画，画的题材自然又是茶。我说，我是画漫画的，这样大幅画我没画过。约稿的同志无意中说了句：‘是啊！漫画不能上墙的。’此话大伤我这位漫画工作者的感情，也许是他的激将法吧，把我激了起来，断然说：我画！又花了许多天，报废了好几大张宣纸，居然画成一幅陆羽夜写茶经图，也因本性难移，或许是故意使气，用的是漫画情趣的构图，让它裱起上墙。”可惜这画我一直未能看到过。方成的《工夫茶》很受爱画好茶者赞赏，两个憨态可掬的胖茶迷，正在举杯邀饮工夫茶，一大一小，相映成趣，煞是可爱。画家还吟就一诗题于画上：“此间喝茶讲工夫，大把茶叶塞满壶。初尝味道有点苦，苦尽甘来好舒服。”

说茶事漫画不能不提丁聪的组画《茶馆画旧》，这里还得赘言几句。1992年11月，由于杭州三联书店叶芳女士的筹划与推动，丁聪画展在杭州成功举办。此前，丁聪及同来杭州的汪曾祺先生等来洪春桥茶人之家喝茶，我们有缘见面相识。画展开幕日见到《茶馆画旧》，不觉眼睛一亮，即向丁聪先生提出，拟在即将于来年创刊的《茶博览》上刊载，先生一口允诺，待画展结束后可将原件复印。这样，组画之一《沏开水(四川)》、之二《一盅两件(广东)》、之三《“吃讲茶”的“英雄”(上海)》、之四《知音(北京)》，正好在《茶博览》1993

丁聪《茶馆画旧》组画

年的春、夏、、秋、冬四期中发表。组画刊出后，读者称赞不已。画家准确地抓住了不同地域间的茶事特色，以最简练的笔墨，刻画出品茶、喝茶、玩茶者的不同形象，入木三分。

如果说，中国传统绘画为人物、山水、花鸟诸画种所描绘的茶事，大多是反映雅趣雅韵，那么现代漫画所描绘的茶事，却是亦雅亦俗，更多的是反映市井民俗。

真是看不尽的画，品不完的茶。

我国的茶叶，最初是采野生作药用、菜食或祭祀，而后有人工栽种作饮用，魏晋时饮茶由“朱门”走向“柴户”。发展到唐宋时，已成“一日不可无”的生活必需品。在普及的同时，出现了具有欣赏意义的品茶，称为茶道或茶艺。我国的文字，从“以代结绳”开始的刻画符号而后发展到正式的文字，并在实用文字的基础上产生了具有审美价值的书法或称书艺。饮茶与书写，在它们各自都向艺术进化而发展成为茶道与书法以后，便建立了因缘，互相吸取，互为补益，显得格外璀璨夺目，各具艺术魅力，成为我们民族艺术百花园里的两朵奇葩。

略观历代书法巨匠，与品茶有缘者不少。“宋四家”之一的蔡襄，苏轼赞誉他“为近世第一”。他著有《茶录》二篇，用真楷小字书写，是重要的的茶业文献，又是稀世墨宝。欧阳修为其书题跋云：“善为书者以真楷为难，而真楷又以小字为难……以此见前人于小楷难工，而传于世者少而难得也。君谟小字新出而传者二，《集古录目序》横逸飘发，而《茶录》劲实端严，为体虽殊，而各极其妙，盖学之至者。”明宋珏也有诗赞誉他的《茶录》书艺：“宋朝书法谁第一，端明蔡公妙无敌；百年遗迹落人间，片纸犹为人爱惜。公书方整八法俱，荔谱茶录绝代无；当时石刻今已少，况复笔迹真璠玙。此书飘逸尤绝品，风度不殊僧智永；粉笺剥落神气全，夜夜虹光空藻井。”真是茶香墨韵，珠联璧合，茶艺之名与书艺之名，交相辉映。

“宋四家”中的又一大家苏轼，他才华横溢，“琴棋书画诗酒茶”，件件精通入理。他书茶的墨迹不少，其中有一件是给其好友陈慥的信札，世称《一夜帖》。这封以行书写就的信中说到：“却寄团茶一饼与之，旌其好事也。”坡翁以团茶为礼品，表彰好学书法之人，真是

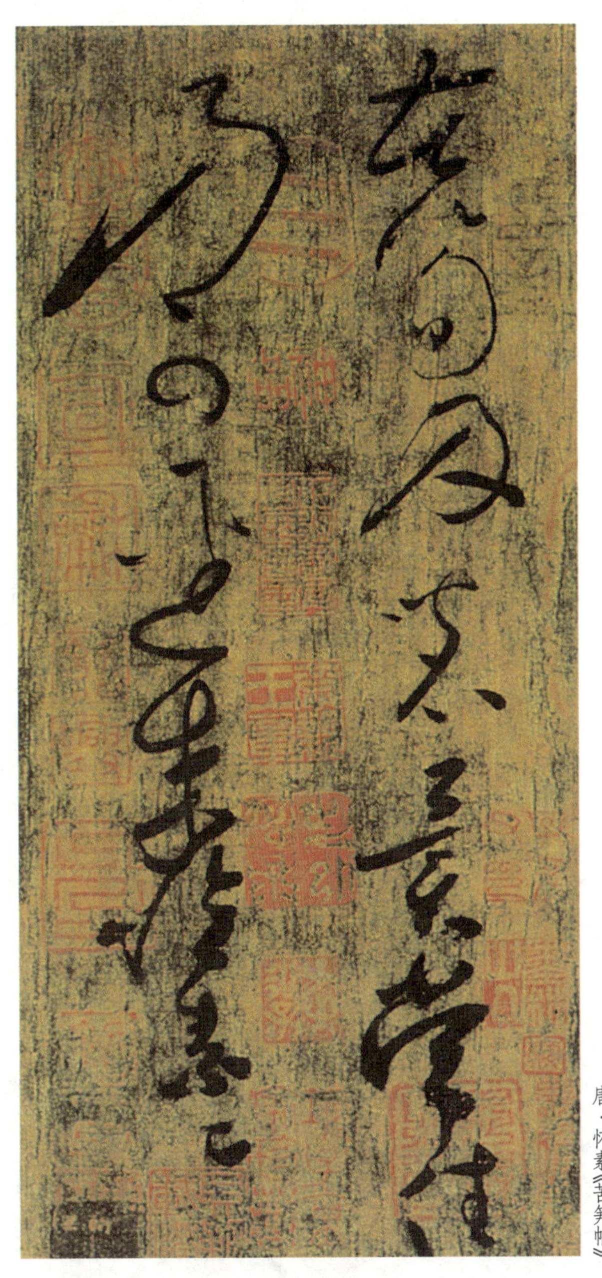

唐·怀素《苦笋帖》

宋·苏轼《一夜帖》

一夜尋黃居寀龍不獲方悟半
月前是曹光州借去摹搨更須
一兩月方取得恐 王君疑是翻悔
且告子細說與纔取得即納去也
卻寄團茶一餅與之旌其好事
也 軾白

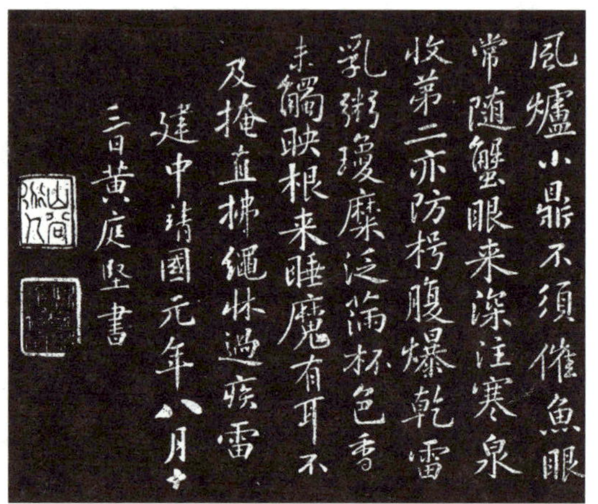

宋·黄庭坚《奉同公择尚书咏茶碾煎啜三首》(局部)

金农像

物适其人，得其所好。茶业、书坛俱传为佳话。

“明四家”中的唐寅描绘山村饮茶的《事茗图》中，有画家亲题诗一首：“日长何所事，茗碗自赏持；料得南窗下，清风满鬓丝。”书法自然飘逸，移情怡神，反映了书画家对事茗的浓厚情趣。明代书画家徐渭也是一个“纱帽笼头”、“七碗”方休的茶迷，曾手书陆羽《茶经》，新近为绍兴市文管处所征集。是茶事题材的又一书法精品。

扬州八怪中的金农，杭州人。他善诗文，工书画，亦精篆刻。他的书法，精于隶楷，隶书以朴厚见长，楷书颇多隶意，自创一格，称为“漆书”。他在59岁时写过一幅《述茶》轴，内容是："采英于山，著经于羽；荈烈蔎芳，涤清神宇。"茶采于名山，《茶经》是陆羽所著；晚采的荈浓醇，早摘的蔎芬芳，喝了都使人神清气爽。这幅书法作品，用笔方整古朴，有金石味，给人以拙为妍、以重为巧的感觉；恰似那身骨重实，色泽绿润，香高味浓，经久耐泡的浙江绿茶。读此书作，不难想见，书法家在品尝了一杯香高味浓的茶后，大有"两腋生风"之感，于是提起神来之笔，一气而呵成。令人直觉幽香扑鼻，满口生津。

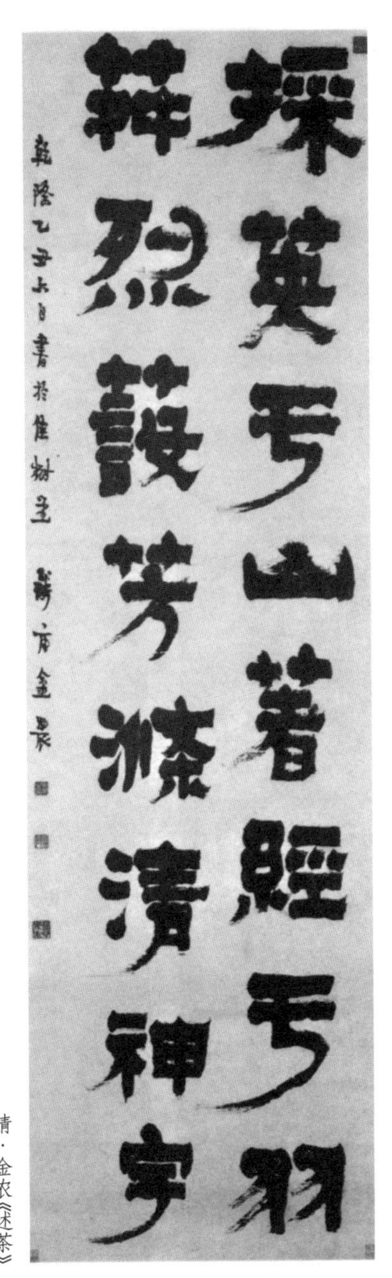
清·金农《述茶》

扬州八怪中最为人们所熟知的郑燮，他不仅善画，更得好评的是他的行楷。他的书法自称"六分半书"，熔真、草、隶、篆于一炉，又以画兰之法来写字，故波磔之中，往往有石文兰叶，古秀独绝，别具风格。他有一卷诗词十五首墨迹，写到茶的有两首。一首《竹枝词》云："溢江江口是奴家，郎若闲时来吃茶，黄土筑墙茅盖屋，门前一树紫荆花。"笔法奇特而自然，在左右挥洒，天真纵逸之中，活画出一个性格开朗、大胆执着、春情萌动的少女形象。读之，如见其人，如

清代郑燮所书茶联

闻其声，像一杯甘醇的香茶，令人回味无穷。扬州八怪中的汪士慎，有“茶仙”之称。他自己说：“焦叶荣悴我衰老，嗜茶赢得茶仙名。”他品香茶，吟茶诗，书茶事，作茶画。他有句云：“茶香墨香清可夸……淋漓扫尽墨一斗，越瓯湘管不离手”，“茗碗浮香墨吐华，晴窗拈管静无哗。”越瓯浮茶香，湘管吐墨华，书法家身不离此二物，在他心目中，茶道与书法已浑然一体。

茶墨之缘，除了茶家爱书法和书法家嗜茶之外，还在于茶能陶冶人的情性，使人清新、平和、幽静、凝神，令书法家产生艺术灵感。陆游年近60岁时，作过一首《草书歌》：“倾家醇酒三千石，闲愁万斛酒不敌。今朝醉眼烂岩电，提笔四顾天地窄。”酒是书法家激奋的“诱发剂”，饮酒醉后，无芥蒂于胸，地阔天空，下笔导乎自然，所以当年他喜欢酒后作书。24年后他有一首《述闲》诗：“披衣按摩罢，据榻欠伸余。香暖翻心字，茶凝出草书。”此时，陆游体验到惟有茶可雪烦滞，以茶代酒，能发逸思，唤醒潜藏蛰服的灵感，草书成于茶香之中。无独有偶，清书画家边寿民有一首《好事近 · 茶壶茶瓶》词：“石鼎煮名泉，一缕回廊烟细，绝爱漱香轻碧，是头纲风味。素瓷浅盏紫泥壶，亦复当人意，聊淬辩锋词锷，濯诗魂书气。”昔有张旭观公孙大娘舞剑器而得其神，有怀素观云随风变化而有所悟，有文同见道上斗蛇遂得其好；陆游、边寿民品茗而澄心凝思，则草书出、书气清。

茶香永远在墨韵中缥缈！

【老君眉与女儿茶】

《红楼梦》第四十一回“栊翠庵茶品梅花雪，怡红院劫遇母蝗虫”写到，贾母在缀锦阁底下吃了酒肉后，来到栊翠庵，妙玉忙去烹了茶来，捧与贾母。贾母道：“我不吃六安茶。”妙玉笑说：“知道，这是老君眉。”老君眉，是产于湖南君山的一种传统名茶。全用没有开叶的肥嫩芽头制成，芽身金黄挺立，细似银针，满披银毫，又称“君山银针”。清代万年淳《君山茶歌》云：“君山之茶不可得，只在山南与山北。岩缝石隙露数珠，一种香味那易识。春来长在云雾中，造化珍重供玉食。李唐始有四品贡，从此遂为守令职。”可见君山茶在唐时已作贡品。到清代，乾隆

清代改琦所绘《红楼梦》插画中的妙玉

特别爱好老君眉，规定每年初春时由地方官吏监督和尚采制，当时一斤老君眉要值两千钱。

君山之上还有个柳毅井，“柳毅传书”的故事就发生在这里。柳毅井与洞庭湖相距咫尺，站在井边能听到湖中涛声，可是井水水面始终比洞庭湖水面低，而且水源不竭，水质纯净甘甜，烹茶酿酒绝佳，故有“君山茶叶柳毅井水”之说。明诗人谭元春有《汲柳井水试茶于岳阳楼》诗三首，有句云：“临湖不饮湖，爱汲柳家井。茶照楼上人，君山破湖影。”

六安茶，是一种著名的烘青绿茶，产于安徽省六安县和金寨县，故称六安茶。明屠隆《考槃余事》载：六安茶“品亦精，入药最佳，但不善炒，不能发香，而味苦，茶之本性实佳。”贾母不吃六安茶，可能就是因为其汁浓味苦。而刘姥姥吃了老君眉茶则说：“好是好，就是淡些，再浓些更好了。”我国名茶品类丰富，各有其妙，各人尽可按自己的喜好和口味来选择茶品。

小说第六十三回“寿怡红群芳开夜宴，死金丹独艳理亲丧”，林之孝家查夜经怡红院，听宝玉说“今儿因吃了面怕停住食，所以多顽一会子”。林即对袭人说：“该沏些个普洱茶吃。”袭人忙笑说：“沏了一盅子女儿茶，已经吃过两碗了。”普洱茶古代多作为药用。《本草纲目拾遗》、《物理小志》等都有记载，普洱茶具有“解腻，利肠通泄，醒酒，消食去胃胀，生津，疗喉痛，和以姜汤能发汗治伤风”等功效。近年来，经医药界研究，并通过临床实验，证明普洱茶能降低人体中类脂化合

普洱茶

物、三酸甘油脂和胆固醇的含量，能减轻人的体重。所以在国外被称为“减肥茶”、“窈窕茶”、“益寿茶”。普洱茶有多种花色。明代《滇略》中说：“普茶珍品有毛尖、芽茶、女儿之号。毛尖即雨前所采者，不作团。味淡，香如荷，新色嫩绿可爱。芽茶较毛尖稍壮，采制成团。滇人重之女儿茶，亦芽茶之类，取于谷雨后。”清阮福《普洱茶记》中也说到：“于二月间采蕊极细而白，谓之毛尖，以作贡，贡后方许民间贩卖；采而蒸之，糅为团饼，以叶之少放而犹嫩者，名芽茶。采于三四月者名小满茶，采于六七月者名谷花茶。大而团者名紧团茶，小而圆者名女儿茶。女儿茶为妇女所采，于雨前得之，即四两重圆茶也。”那天宝二爷所喝的女儿茶，该是紧压成圆饼状的一种普洱茶。人民文学出版社1982年版《红楼梦》注释为：“泰山附近采青桐芽当饮料，号女儿茶。”究竟何者为是，大可存疑，有待进一步考证。

【茶筅与古代饮茶艺术】

《红楼梦》第二十二回“听曲文宝玉悟禅机，制灯谜贾政悲谶语”有这样一节：元春忽差人送出一个灯谜儿，命大家去猜。于是各人都把自已猜的写在纸上，送进宫去。至晚出来传喻：“前娘娘所制，俱已猜着……”太监又将娘娘颁赐之物送与猜着之人，每人一个宫制诗筒、一柄茶筅。人民文学出版社1982年版《红楼梦》对“茶筅”有条注释：“茶筅，刷洗茶具的一种器具。”

茶筅究竟是怎样一种茶具呢?我国古代茶书中，对茶筅是有不少记述的。

宋徽宗赵佶在《大观茶论》中说：“茶筅以筋竹老者为之，身欲厚重，筅欲疏劲，本欲壮而末必眇，当如剑脊之状。盖身厚重，则操之有力而易于运用，筅疏劲如剑脊，则击拂虽过而浮沫不生。”原来古代饮茶，是把茶叶磨成细末，点以沸水的。苏轼有“磨成不敢付僮仆，自看雪汤生玑珠”，“蒙茸出磨细珠落，眩转绕瓯飞雪轻”等

清 · 孙温所绘《红楼梦》插画——听曲文宝玉悟禅机

诗。茶筅就是泡茶时一种用来击拂汤水的茶具。徽宗在这篇茶论中还详细叙述了击拂汤水的三种手法：一是手重筅轻；二是手筅俱重；三是手轻筅重。他认为，以第三种为最得法。

明代朱权《茶谱》云："茶筅，截竹为之，广赣制作最佳。长五寸许。匙茶入瓯，注汤筅之，候浪花浮成云头雨脚乃止。"

大概茶筅这种茶具早在唐代就有了。陆羽《茶经 · 五之煮》云："第二沸出水一瓢，以竹筴环激汤心，则量末当中心而下。有顷，势若奔涛溅沫，以所出水止之，而育其华也。"即是说，水到第二沸时，先舀出瓢水，用"竹筴"环搅水汤中心，随后取适量茶末，当中心投下。不多一会，水的波涛溅出沫子，这时再浇入刚舀出的沸水以制止其沸腾，使生成"华"，茶味便愈益香浓。陆羽当时所用的"竹

坏微厚熁之久熱難冷最為要用出他處者或薄
或色紫皆不及也其青白盞鬭試家自不用

茶匙

茶匙要重擊拂有力黃金為上人間以銀鐵為
之竹者輕建茶不取

湯缾

缾要小者易候湯又點茶注湯有准黃金為上
人間以銀鐵或瓷石為之

臣皇祐中修

宋·蔡襄《茶录》

筅”，可能类似后来的“茶筅”了。宋代蔡襄作《茶录》，也讲到烹茶时要“环回击拂”。他称这种茶具为“茶匙”，说：“茶匙要重，击拂有力，黄金为上，人间以银铁为之，竹者轻，建茶不取。”由此看来，竹筅、茶匙、茶筅似是同一种用途的茶具。一般用竹制，考究的也有用金银制的。

《红楼梦》第三十八回“林潇湘魁夺菊花诗，恭蘅芜讽和螃蟹咏”，又提到了“茶筅”。那是在藕香榭开诗社，贾母也去了。那天藕香榭“栏杆外另放着两张竹案，一个上面设着杯箸酒具，一个上头设着茶筅茶具各色盏碟”。很明显，这茶筅该是烹茶时用的，而不是洗涤茶具的。宋时蔡京在《延福宫曲宴记》中说到：“上命近侍取茶具，亲手注汤击拂。”当年宋徽宗还亲手执茶筅击拂过茶汤。可见，大观园的才子佳人们在雅兴浓时，也会亲手注汤击拂，是用得着茶筅的。

如今日本的茶道中，也有一种叫茶筅的茶具。茶道主人用茶勺舀一勺碾得极细的茶末放入茶碗，舀开水半勺倒进去，就用一个像刷子模样的茶筅搅拌茶汤，直至茶汤泛起泡沫，然后献给客人。日本茶道中所用的茶筅，可能是从我国传过去改进而成的。清光绪年间，我国一个名叫伯和的人，东渡日本考察，参加了茶道会。他对搅拌茶汤，能使茶味更浓的茶筅特别感兴趣，并有感于我国饮茶旧法失传和源远流长的中日文化交流，写了一首诗：

细研龙团作花粉，
轻揉蝶翅挹琼浆。
我家旧法传邻国，
乍见惊为异味香。

日本茶筅是用白竹、煤竹、紫竹或青竹制成，粗穗有47根，细穗多至120余根，十分精巧美观。

由上可见，人民文学出版社1982年版《红楼梦》书中关于茶筅

清·孙温所绘《红楼梦》插画——林潇湘魁夺菊花诗，恭蘅芜讽和螃蟹咏

的注释有误，茶筅是饮具，而不是洗涤器具。

【扫将新雪及时烹】

宝玉进大观园后，写过一组《四时即事》诗，其中《冬夜即事》有“却喜侍儿知试茗，扫将新雪及时烹”两句。栊翠庵妙玉招待宝黛的茶，也是以雪代水，而且用的是五年前收的梅花上的雪，盛于瓷瓮密封，埋入地下，用这样甘美的水沏茶，当然幽香扑鼻，清醇无比了。

《金瓶梅》第二十一回：“吴月娘扫雪烹茶，应伯爵替花邀酒”，也有一段雪水烹茶的雅举。那日西门庆与众妻妾合家欢饮，天下起了雪。“那雪如挦绵扯絮，乱舞梨花。”吴月娘见雪下在粉壁间太湖石山上甚厚，下席来，教小玉拿着茶罐，亲自扫雪，烹江南凤团雀舌芽茶，与众人吃。西门庆合家在酒席之间，扫雪烹茶，也只是市井人仿文人雅士而已，与妙玉之藏梅花雪烹茶不可同日而语。

扫雪烹茶，古代诗文中记述颇多，而且早在唐代就有此雅举。白居易有一首五律《晚起》，有句云：

融雪煎香茗，调苏煮乳糜。
慵馋还自哂，快活亦谁知。

诗人在冬日慵懒晚起，生个炉子，雪水煎茶调紫苏煮乳粥，却又感叹：个中快乐，谁能消受？五代郑愚《茶诗》也是写扫雪烹茶的：

嫩芽香且灵，吾谓草中英。
夜臼和烟捣，寒炉对雪烹。

元代诗人谢宗可写有一首七律《雪煎茶》，描写了以雪代水煮茶，茶味清新，香融玉树的美妙。诗是：

夜扫寒英煮绿尘，松风入鼎更清新。
月团影落银河水，云脚香融玉树春。
陆井有泉应近俗，陶家无酒未为贫。
诗脾夺尽丰年瑞，分付蓬莱顶上人。

诗人在夜间将洁净的雪扫起，烹煮刚炙碾好的末茶，茶鼎里响起的松风声清新无比；圆圆月影倒映入茶汤中，茶的“云脚”香气融得玉树春色；有了这雪水冲点的香茶，即便是陆羽圈点的天下名泉也近俗气，陶潜家即使宴饮无酒也不为贫；诗情充盈了瑞雪丰年之兆，蓬莱顶上人也喜羡雪煮香茗之乐。

《红楼梦》插画

扫雪烹茗取雪须是腊雪。李时珍《本草纲目》说："腊雪密封阴处，数十年亦不坏；用水浸五谷种，耐旱不生虫；洒几席间，则蝇自去；淹藏一切果食，不蛀蠹"，"煎茶煮粥，解热止渴"。春雪有虫，水亦败，一般不收。

扫雪代水好是好，总不可多得。妙玉日常烹茶用的是雨水，她给贾母的茶，也是隔年蠲的雨水。洁净的雨水，确也是烹茶的一种好水。苏轼在《论雨井水》一文中说："时雨降，多置广庭中，所得甘滑不可名，以泼茶煮药，皆美而有益。"不过，李时珍认为，由于天地气候相感，一年二十四节气，水之气味，亦随之变迁，立春、清明二节贮水最好，谓之神水；寒露、冬至、大寒、小寒四节的水，与雪水同功；小满、芒种、白露三节内的水，有毒，造药、酿酒醋一应食物，皆易败坏。

【珍奇的古玩茶具】

贾宝玉这个富贵闲人，在大观园里算得上一个知识丰富又懂得生活情趣的人了。可是他在“栊翠庵茶品梅花雪”时，却出了不少洋相，惹人捧腹。尤其在那些古玩奇珍的茶具面前，他几乎也成了个“刘姥姥”。

妙玉品茶不但精于择茶、选水，还很讲究茶具的精美。她给贾母的茶，用的是明代官窑制的五彩小盖盅，再外托一个海棠花式雕漆填金云龙献寿的小茶盘。给宝钗、黛玉进茶，选用的瓟瓜风干做成的𤫩瓟斝和用犀牛角做成的点犀盉。给宝玉用的原本妙玉想将自己常日吃茶的那只绿玉斗来斟，不料宝玉嫌“俗”，遂又寻出一只曲竹根雕出的九曲十环一百二十节蟠虬盒。这些都是罕见的珍玩，所以宝玉看了，也不得不承认金玉珠宝与之相比，都得贬为俗器。

商代青铜斝

曹雪芹笔下的这许多珍奇茶具，其实并非真有其物，当然也不是胡乱凑和。那只给宝钗用的𤫩瓟斝，是用类似葫芦的瓟瓜仿斝形作成的。斝是殷商青铜器，一般三足、两柱、一板手（即所谓耳），陶器中形状相近的也叫作斝。𤫩瓟斝是用一斝形模子套在小瓟瓜上，使之按瓟的形状成长，成型后去籽风干。沈从文先生在《文物与艺术研究文集》中有专文谈到这种器

清 · 珐琅彩四季花卉盖碗

具。沈先生还说："这种器物和南方其他许多工艺品一样，到清初，进而成为北京宫廷贵族时尚，除制成各种用器外，还作成整套的乐器，通称'葫芦器'或'匏器'。"而妙玉的那只𤫘瓟斝，有一行小真字是"晋王恺珍玩"，又有"宋元丰五年四月眉山苏轼见于秘府"一行小字。按沈先生的指点，我们明白了葫芦器的流行在明清时代，𤫘瓟斝这种茶具酒器是实有其事，但王恺珍玩，东坡鉴赏，自然是落空的。正如说"宋版《康熙字典》"那样，不会真有其物 。

还有那一只形似钵而小，也有三个垂珠篆字，镌着"点犀盉"的茶具。人民文学出版社1982年版《红楼梦》有注释："盉以'点犀'取名，似借李商隐《无题》诗'心有灵犀一点通'诗意，极言此盉之珍贵。"其实这里还有更实在的一层道理，即犀角以中心有白线直透到底为珍贵，称为通天犀。还有"正透"、"倒透"等等名目。李商隐诗也该是借犀之通透，而喻心之相通。这点犀盉是取有"白透子"的犀角作成，当然珍贵了。

对𤫘瓟斝和点犀盉这两件茶具的取名，沈从文先生认为作者笔意双关，言约而意深。前者是谐声，后者却是会意。俗语有："假不

假?班包假。真不真?肉换心。”意思是：“假的就一定假，真的也一定真。”曹雪芹是否有意取来适合俗语“班包假”的谐音，既指物，也指人?值得研究。再谈点盉，元明杂剧市语说“乔”多指装模作样假心假意，那么取名“点犀盉”的用意，就有“到底假”、“透底假”的意思了。妙玉原本想给宝玉斟茶“绿玉斗”，谐“搂玉肚”也大有可能！

妙玉给贾母用的是成窑五彩小盖钟(盅)，这类瓷盅在晚明已十分值钱，一对值银百两，清康雍两代多仿作。妙玉因刘姥姥一用即叫宝玉送人，沈从文先生认为“这里可说附会为‘假的珍贵古董’，也不妨说只是形容宝玉为媚妙玉而不在意挥霍为合”。

【漫说“茶定”】

“你既吃了我们家的茶，怎么还不给我们家作媳妇?”这是王熙凤一次在给黛玉送过暹罗茶后，诙谐地与黛玉开的玩笑，说得黛玉红了脸，一声儿不言语。

古代许多地区都流行“三茶六礼”婚俗。所谓“三茶”就是：下茶、定茶、合茶；“六礼”则为：纳采、问名、纳吉、纳征、请期、亲迎。下茶之前为纳采、问名，即通媒、过帖（生辰八字、家庭财产情况等)。如若男方有意，便卜筮问凶吉，得吉签，称“纳吉”，而后就托媒求亲。媒人携茶礼去女家，便是“下茶礼”。女方允诺了，收下礼称“受茶”亦即“茶定”。

有句俗语叫“吃了那家的茶就是那家的人”。这“吃茶”，就是定下了婚嫁之约的意思。明末冯梦龙的《醒世恒言》里，有一则《陈多寿生死夫妻》，说柳氏欺贫爱富，逼女儿退掉陈家的聘礼，另许个富家。女儿说：“从没见好人家女子吃两家茶。”把“吃茶”作为定婚的代称。这与古时江南许多地区敬茶为吉祥物，在婚姻嫁娶礼仪中必须有茶的习俗有关。

宋吴自牧在《梦粱录》里，讲了杭城当时的嫁娶风俗：在男女两亲相见后，若中意，则由伐柯人（即媒人）通好，议定礼，往女家报定，“丰富之家，以珠翠、首饰、金器、销金裙褶及缎匹、茶饼，加以双羊牵送”。茶原是可以与金银珠宝相并列，而作为婚娶定礼的。

茶何来这样高的身价，又为什么要以茶来作定亲的聘礼呢?明许次纾《茶疏》云：“茶不移本，植必子生。古人结婚，必以茶为礼，取其不移置子之意也。今人犹名其礼曰下茶。”在上古时代，种茶都采取种子繁殖，还没有掌握扦插、压条、分株和嫁接等移植技术。所以古人又称茶为“不迁”。《天中记》也载：“凡种茶树必下子，移植则不生，故聘妇必以茶为礼。”这暗示着对婚姻的“矢志不移”和“必定有子”，取其吉祥之意。从这一点上考察 ，“茶定”、“下茶”这一婚姻习俗，至少是在唐朝以前就有了。因为唐朝时，陆羽在《茶经》中已阐明了茶树是可以移栽的，只是“艺而不实，植而罕茂”（即如果移栽技艺掌握不当，植株很少能长得繁茂）。宋代的茶树移栽技术更有所发展了。尽管如此，以茶为礼的传统习俗，并没有因栽培技术的发展而废弃或改变，还是继续流传着。南宋陆游《老学庵笔记》有记：“辰、沅、靖各州之蛮，男女未嫁娶时，相聚踏唱，歌曰：小娘子叶底花，无事出来吃盏茶。”少数民族中也有以茶传情，“吃茶”定亲的习俗。藏族人民把茶作为婚姻的珍贵礼品，色泽红艳的茶汤是夫妻恩爱、婚姻美满幸福的象征。

明清以降，虽然聘礼中已经没有茶了，但仍然把聘礼叫“茶礼”或“茶银”。清孔尚任《桃花扇·媚座》有句：“花花彩轿门前挤，不少欠分毫茶礼。”清袁于令《西楼梦》也有“母亲写下婚书，茶银五百亲收”之说。

吃茶，作为一种定亲方式或结婚礼仪，至今仍在一些地区流传着。在湖南绥宁苗家，有一种“万花茶”，是苗家青年男女恋爱的“媒人”。当后生子来到姑娘家求婚时，姑娘会向他捧出一杯“万花茶”来。若姑娘对婚事中意，后生的茶杯里会有四片“花”：两片并蒂荷花，两片对鸣喜鹊。如果姑娘对后生子不满意，那杯中只有三片

"花"，而且都是单花独鸟。这万花茶中的"花"，是姑娘们每年在秋收季节，用冬瓜片、橙子皮等精心雕刻成的。在广西金秀瑶族自治县境内，有一支聚居在茶山一带的瑶族兄弟，有叫他们为"茶山瑶"的。他们的婚礼是"一杯清茶一堆火"。在嫁娶时，娶亲的一方家里由最年长的人迎接新人，只备一杯清茶和一个烧得旺旺的火堆。婚仪就是由长者给新人奉茶，并致吉祥祝辞，便告完婚。台湾有"喝甜茶"的婚俗。婚仪中，新郎族中的长辈，照例要喝甜茶。就是长辈们在客厅中依序坐着，然后由媒人婆婆搀扶着新娘，一个个给长辈们捧上甜茶。它的作用是使新娘认识族中的长辈，也让长辈们看了新娘。送上甜茶之后，过一会儿新娘出来收茶杯，这时，族中的长辈们照例会在茶杯中放下一个大红包，以示祝贺。

"莫道茶叶只宜饮，谁知其中寄深情！妙趣横生茶与情，千古佳话后人吟。"茶为媒，茶结缘，原是我们这个悠悠古国的传统婚俗。

【杏仁茶与面茶】

有些饮料，其实并不含有茶，却以茶名之。在《红楼梦》中就有杏仁茶与面茶等。

老北京天桥面茶摊（老照片）

元宵之夕，贾母在大花厅上摆了十来个酒席，又定了一班小戏，一直取乐到四更时分。贾母说道："夜长，觉的有些饿了。"凤姐说有鸭子肉粥，贾母嫌油腻。说有枣儿熬的粳米粥，又嫌太甜。凤姐忙道："还有杏仁茶，只怕也甜。"贾母道："倒

老北京民间风俗——卖面茶

是这个还罢了。”杏仁茶用的是甜杏仁，又名巴旦杏仁。据《本草纲目》载：“树如杏而叶差小，实亦尖而肉薄。其核如梅核，壳薄而仁甘美。”甜杏仁入药，为滋养缓和性止咳药；供食用仁清甘美，亦称果之佳者。溥杰《回忆醇亲王府的生活》一文中说，当时王府的茶房里“做一些有滋补性的食品，如杏仁茶、莲子汤、百合汤和甜煮白扁豆之类”。无疑杏仁茶是一种甜食点心了。

杏仁茶沿袭相当久远。据《群芳谱》载：“孙楚祭介子推云饧一盘、醴酪二盂，今寒食有杏酪麦粥，即其类也。”孙楚是晋代人，可见早在1600年前就有杏酪之类的食品了。其制法，《群芳谱》中也有记载：“研杏仁为酪，以饧（糖）沃之。”这与《红楼梦》所述类同。杏仁茶在民间也喝用。著名老报人徐铸成的《旧闻杂记》有一篇回忆他早年在北京师范大学读书时过的公寓生活：“每天的早餐，总是在上学的途中，看到什么就吃什么，多半是在琉璃厂和西

河沿转角的地方，吃两块烤白薯，在另一个摊头，喝一碗酸杏仁茶，一共不过两分钱，真是价廉物美，其味无穷。”当然，北京摊头上的酸杏仁茶比之大观园里的杏仁茶，正如晴雯喝的绛红苦涩茶与贾母喝的“老君眉”一样，相去甚远。

小说第七十五回和七十七回，还提到一种“面茶”。一次是尤氏到李纨屋里来，李纨吩咐人把姨娘家送来的茶面子冲了来喝。另一次是贾政要带宝玉去寻秋赏桂，清早在上屋里等他吃面茶。冲面茶的叫茶面子，是一种炒制过的面状粉。吃时加糖用水调，也有加盐酱等的。

【大观园外的茶饮】

《红楼梦》毕竟是一部不朽巨著。曹雪芹以十分罕见的巨大艺术力量，描绘了像生活本身一样丰富、复杂和天然浑成的封建社会的生活图画。在饮茶这个小小的生活侧面上，也是这样。它既描绘了大观园内择茶、选水、候汤、用具样样精到的品茶场面，又生动刻画了大观园外“身为下贱”的人们，简陋马虎地喝茶解渴的情景。

小说第七十七回有这样一段：晴雯被撵出怡红院，住在姑舅哥哥吴贵家里，一天宝玉偷偷去探望。晴雯独人睡在芦席土坑上，正渴了半日叫不着人，见宝玉来了，便央求宝玉倒半碗茶给她喝。这里的茶壶是个黑沙吊子，不像个茶壶；茶碗大而粗，透发油膻之气，不像个茶碗；茶汤是绛红的，并无清香，且无茶味，只一味苦涩。而晴雯得之，如得了甘露一般，一气都灌下去了。宝玉心下暗道：“往常那样好茶，他尚有不如意之处；今日这样。看来，可知古人说的‘饱饫烹宰，饥餍糟糠’。”“饥餍糟糠”，这是生活在底层的“下贱人”遭受欺压的不得已。有诗曰：“玉腕熏炉香茗冽，可怜不是采茶娘!”在封建剥削制度下，众多的香茶美泉，茶农自己都是无缘消受的，只能是贵族地主们的消遣品。

清代杭州有个诗人叫陈章，与曹雪芹生活在同一时期，他写过

旧时路边茶摊及伙计（老照片）

一首《采茶歌》，反映了当时西湖茶农惨遭掠夺的苦况。诗曰："风篁岭头春露香，青裙女儿指爪长。度涧穿云采茶去，日午归来不满筐。催贡移文下官府，哪管山寒芽未吐。焙成粒粒比莲心，谁知侬比莲心苦。"在那春茶初熟，新茶飘香的时节，我们听不到一点采茶女儿的欢歌笑语。清香的茶叶，在采茶的女儿眼里成了粒粒极苦的"莲心"。大观园内品尝的粒粒香茶，何尝不是凝聚了采茶女儿的心酸和凄苦。

【从漱口茶说起】

读《红楼梦》，我们会看到贾府有一个生活习惯：饭后或点心后要用茶漱口，一般都在用过漱口茶后，方才散席。还有宝钗、黛玉她们用茶，有时是光漱漱口而不喝的。如第六十二回，宝玉、宝琴、岫烟、平儿四人凑分子过生日，饭后宝玉等在花下谈说，袭人送来

清·孙温所绘《红楼梦》插画

两盅新茶。宝钗接茶笑道："我却不渴，只要一口漱一漱就够了。"说着先拿起来喝了一口，剩下半杯递在黛玉手内，袭人笑道："我再倒去。"黛玉笑道："你知道我这病，大夫不许我多吃茶，这半钟尽够了……"

用茶漱口，此法苏东坡极为倡导，他专门写过一篇短文，叫《论茶》，全文只八十多字，不妨引录如下：

> 除烦去腻，不可缺茶；然暗中损人不少。吾有一法，每食已，以浓茶漱口，烦腻既出，而脾胃不知；肉在齿间，消缩脱去，不烦挑刺，而齿性便若缘此坚密。率皆用中下茶，其上者亦不常有。数日一啜，不为害也。此大有理。

饭后用中下档浓茶漱口，一可解油去腻，使口爽齿洁，二能将嵌塞在齿缝的肉消缩脱去，利于固牙坚齿。可以想见，苏东坡采用此法，定是得益不少，便作文以记，传于后人。贾府饭后用茶漱口，不无道理，是有益于卫生与健康的。

茶的饮用价值，现在已为举世所公认。然而，诚如东坡所说，若饮用不当，确也会“暗中损人”。据专家们分析，茶叶中有一种有效成分叫单宁，有收敛作用，可使血管暂时收缩。这就是中医建议腹泻病人多喝茶的原因。但脾胃较弱者，或在食前食后饮用太浓的茶，就会因胃壁收缩，妨碍消化。茶叶中还有一种成分叫咖啡碱，有诱导中枢神经兴奋的作用，能强心利尿。但对神经过敏者，或在临睡前喝过多的浓茶，就会因兴奋过度造成失眠。对脾胃较弱、神经过敏者而又想得茶叶好处者，不妨依东坡之说，“以浓茶漱口，烦腻既出，而脾胃不知”。黛玉是很懂得个中道理的。她自知脾胃较弱，禀赋虚寒。所以她讲究选茶，控制茶量。别人都说“味轻”、“没什么味儿”的暹罗茶，她说：“我吃着好，不知你们的脾胃怎样？”吃茶时，她说只要半钟尽够了。由此也启示了我们：各人都应根据自己的具体情况选择不同的茶叶品种，采取不同的饮用方法。原则是：趋其利，避其弊。

【暹罗茶与暹罗茗】

第二十五回说到，王熙凤曾打发丫头送茶叶给黛玉、宝玉和宝钗等。这日碰面，凤姐问起：“尝了可还好不好？”宝玉嫌这茶不大甚好。宝钗说：“味倒轻，只是颜色不大好些。”凤姐自己也说尝着没什么味儿：“还不如我每日吃的”。独黛玉说：“我吃着好，不知你们的脾胃怎样？”原来这茶叶还是暹罗（泰国旧称）进贡来的。

暹罗在元、明两代都和我国有密切往来。清朝建立后继续和暹罗保持经济和政治上的密切联系。到了康熙年间，中暹贸易极为频繁，每年有从上海、宁波、厦门、潮州等地开往的商船五六十只。暹罗还定期遣使来中国。清代一度官至刑部尚书的诗人王士祯，在他的《池北偶谈》卷四中，录有康熙二十三年《暹罗表》一则，表中说暹罗派正贡使、二贡使、三贡使、正通事等，“梯航渡海，捧金叶

表文方物译书，前至广省，差官伴送京师”。当时输入中国最多的是暹罗米，每年有三十万石之多。

暹罗也是一个产茶古国，据植物学家考证，暹罗之土著在古代，就将茶树青叶煎沸，作医药之用。《红楼梦》中讲到的暹罗茶，是仿照中国的制茶法做的，即用锅炒及手揉等方法，供作泡饮。这种茶当时在暹罗的饮用范围并不广泛。饮用最广的却是暹罗所特有的“暹罗茗”。采制暹罗茗时，先将有三四叶之嫩芽连茶梗摘下，一般都是右手摘，递与左手，至手握满，用竹丝捆紧成束，名为一干，每干鲜叶蒸二小时，冷却后置于篮中或竹桶中紧压，使其发酵。经一个月即可食用，能保藏一年不坏。此种暹罗茗供咀嚼用，又称口香茶。

图书在版编目（CIP）数据

品茶录：中华茶文化／阮浩耕著．－杭州：杭州出版社，2005.4

（中华食趣文丛）

ISBN 7-80633-751-2

Ⅰ.品… Ⅱ.阮… Ⅲ.茶－文化－中国 Ⅳ.TS971

中国版本图书馆 CIP 数据核字（2004）第 124515 号

品茶录

中华茶文化

阮浩耕　著

出版发行　杭州出版社（杭州市曙光路 133 号）
电话: 0571-87997719　87997689　87997580
邮编：310007

责任编辑　张　磊
美术编辑　张　磊
封面设计　张　磊　赵　路
制　　版　杭州兴邦电子印务有限公司
印　　刷　杭州富春印务有限公司
开　　本　880mm×1230mm　1/32
经　　销　浙江省新华书店
印　　张　7.75
字　　数　209 千
版 印 次　2005 年 4 月第 1 版　2005 年 4 月第 1 次印刷
书　　号　ISBN 7-80633-751-2/TS · 6
定　　价　28.00 元